大人のためのシュタイナー教育講座
2001年11月発行号
第3期　NO. 2　通巻14号

# シュタイナーに学ぶ
# 「人が生きること、そして死ぬこと」



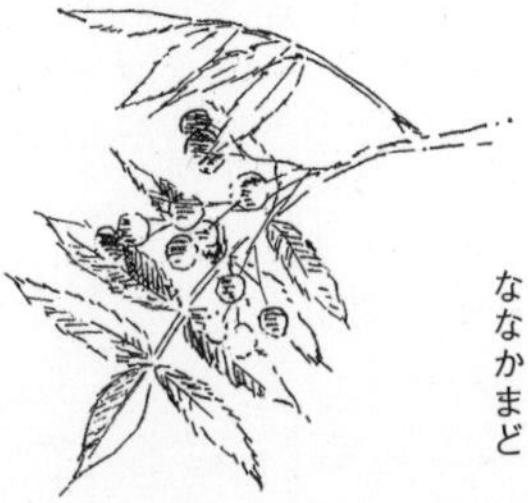
ななかまど




表紙デザイン／山下知子　本文デザイン／STUDIO Y2（藁谷尚子　市川瑞紀）
表紙カバー絵／中村トヨ（ひびきの村）　本文イラスト／御手洗仁美（ひびきの村）

## 第3期

### シュタイナーに学ぶ通信講座によせて

# 皆さま、おげんきですか？

皆さま、おげんきですか？

夏が終わりました。実に長い長い夏でした。

夏の初めから、三月（みつき）しか経っていないなど、信じられません。

七月の末から人智学の国際会議に出席しました。ニコノア・パーラス氏と再会し、多くの示唆《しさ》を受けました。彼と共に世界のことを考え、話をし、これから「ひびきの村」が目指す目標が明確になりました。

「ひびきの村」の萌芽《ほうが》がこの世に出てから、七年が経ちます。ようやく伊達市に於《お》ける存在が認められるようになりました。…次の七年の間に、「ひびきの村」の活動は、日本を動かすほどの力を持つ市民運動となり、そして、次の七年間には、世界を動かす善き力になるでしょう。

それは、今日の大きな社会の要求に、精神の力によって応《こた》えることで可能になると、確信していますよ……とニコノアは、はっきりとそう言ったのです。

9月11日、ニューヨーク市にある世界貿易センタービルが、テロによって破壊されました。ワシントンにある国防総省も破壊されました。多くの人の生命が失われ、多くの人が傷を負いました。ブッシュ大統領は武力による報復を宣言し、議会はそれを承認しました。

物事を武力によって解決しようとすることは、もっとも卑劣なことであり、決してあってはならないことです。けれど、それと同様、あってはならないことは、武力によって報復することです。アメリカの国民がそれを選択しないように、どれほどの人が願い、祈ったことでしょう。そして、今も諦《あきら》めることなく、多くの人が祈り続けています。

第二次世界大戦が続いていた間に、日本軍はアジアの諸国で、数々の卑劣で残虐《ざんにん》な行為をしました。そして、多くの人がその犠牲になりました。戦争が終わり、日本はアメリカの国策によって経済大国となりました。そうなるために、再び、アジアの国々の国土と、アジアの人々の心を深く傷つけました。東京の霞ヶ関ビルや東京都庁ビルが、わたし達を恨《うら》む人々によって破壊され、多くの同胞が生命を落としたら、そして、その中にわたしの愛する人がいたら…それでも、わたしは報復を考えないでしょうか？　事実を受け入れることができるでしょうか？…そうありたいと、心から願います。

アメリカ国民が、…受け入れがたいことを受け入れ、偲（しの）び難（がた）いことを偲ぶ勇気と愛を持っている…ことを、わたしは知っています。正直で、勇敢で、温かいアメリカの人々が、同じように、正直で、勇敢で、温かいアラブの人々を傷つけることがありませんように…。

世界で起きるさまざまな出来事、それらの間を繋（つな）ぐ関係…人々の考え、暮らし、感情…世界の地理、気候、産業…政治、法律…心を寄せて真摯《しんし》に、深く学び続けなければなりません。わたし達が無関心であること、無知であること、怠惰であることが、対立と争いを生み出すのです。

7月19日

「シュタイナーいずみの学校」の一学期の学習発表会がありました。二九人の生徒を迎えて新学期が始まり、三ヶ月が経ちました。入学式、始業式にはあんなに緊張して、身体も心もこちこちだった子

メッセージ ____________________

ども達が、晴れやかな表情で歌を歌い、詩を朗唱《ろうしょう》し、ヴァイオリンを弾《ひ》き、体操をし、数のエクスサイズしています。

一九九九年の冬、はじめての学習発表会をした時、生徒はたった二人でした。生徒を助けて一緒に歌い、詩を朗唱し、劇に出、エクスサイズをする先生の数の方がずっと多く、なんだかおもしろい会でした。それでも、「いずみの学校」を支えてくださる皆様に、子ども達の元気で幸せな様子と、わたし達の仕事振りを見ていただきたかったのです。

あれからまだ三年も経たないうちに、「いずみの学校」はこんなに大きく成長しました。支えてくださる、大勢の方々の力と熱意に依《よ》るものです。学校に寄せられるすべての善きものに、そして、絶え間なく注がれる精神界の大いなる力に、心から感謝せずにはいられません。

7月26日

室蘭市の私立幼稚園で、「シュタイナー幼稚園の一日」を、幼稚園の先生方に体験していただきました。これは、毎年行われる「北海道私立幼稚園連盟大会」の分科会の一つとして要請があり、行ったことなのです。

一年前、その幼稚園の園長先生が、わたしの講演会で話を聞いてくださいました、「シュタイナー教育が持っている精神性を、わたし達に体験させて欲しい」というその方のたっての願いから実現しまたのです。

「こんなことにどんな意味があるのだろうか? そんなことをして、子どものためになるのだろうか?」…初めて経験されることの意味が分からず、会場の皆さまはとても訝(いぶか)しげな様子をなさっておいでした。「午後のお話を聞いて、一つひとつ疑問が解けていきました。シュタイナー教育の持つ高い精神性が少しだけ感じられたような気がしました。今日体験したことを、保育の中で少しずつしていきたいと思います」という、参加者からのお便りも届きました。
教育に携《たずさ》わるわたし達が共に学び、子ども達の健《すこ》やかな成長を助けるために、わたし達がより良い存在となるよう励《はげ》みたいと、心から思った一日でした。

7月23日
「ひびきの村」のサマープログラムが始まりました。プログラムの第一回目は「シュタイナー幼児教育を学ぶプログラム」です。全国から大勢の方々が参加してくださいました。
今年のサマープログラムのテーマを、「教育をわたし達の手で」と決めました。そして、ご家族そろって参加していただけるよう、家族割引を設けました。その甲斐《かい》あってか、お父さんの参加が多く、ご夫婦揃って受講される姿が頼もしく感じられました。これで日本の家庭は変わる！　と思うのは早計でしょうか？

7月29日
ハワイ諸島の中の一番大きい島、ハワイ島で「太平洋人智学会議」が開かれました。国際会議には二年半振りの参加です。一緒に来る予定だったパートナーは、三日前にパスポートの期限が切れていることに気がつき、来ることができませんでした。わたしが一人で会議に参加すること、彼が「ひびきの村」に残ることも意味のあることなのでしょう。
ハワイ島を訪れるのは初めてでした。空港から会場のマウナロア山の中腹までの道のりは、まるで月面上をドライヴしているようでした。火山が噴火して流れ出た溶岩《ようがん》が、そのまま冷えて固まった平

メッセージ

原が海岸まで続き、海へすとんと落ちていました。

会議では、ニコノア・パーラス氏をはじめ、たくさんの懐《なつ》かしい友人に再会しました。「わたしは一人ではないんだ。『ひびきの村』は一人ではないんだ。世界中にこんなに大勢の、高い志を持って仕事をしている仲間がいるんだ」…国際会議に出席して、いつも思うことです。

会議のテーマは「境界において、真の人間性を求める」でした。死と生の境、善と悪の境、真（まこと）と虚偽（きょぎ）の境…さまざまな境に在って、わたしはどちらを選ぶか？…深く考える機会を持ちました。ありがたいことです。

午後になると西の方角から雨雲が広がり、激しい雨が地面をたたきます。それも一時（いっとき）のこと…雨がすっと上がると、山の片方の裾野《すその》からもう片方の裾野へ、大きな大きな虹が架《か》かります。虹の内側に、月が昇ってきたこともありました。

オワフ島から、ホノルル・シュタイナー学校の高校生が来ていました。準備、受付、掃除、連絡…自信に満ちあふれ、堂々と働いている姿に心打たれました。わたしの生徒達も今頃、「ひびきの村」のサマープログラムで、こんなふうに働いているでしょうか？

8月4日

会議が終わりました。サクラメント時代にお世話になったキース、リネット・マックラリー夫妻が、マウイ島の自宅に招待してくださいました。ありがたく伺《うかが》うことにしました。

二人は一〇年前に、請《こ》われてマウイ島にあるハレヤカラ・シュタイナー学校に来ました。キースは三年生の担任、リネットはクラフトを教えています。もうすぐ新学年を迎える準備に忙しい学校を訪ね、教員会議にも招かれました。そこでは、「いずみの学校」の教員会議と同じことが話し合われていました。こうして、太平洋の真ん中の小さな島で、三〇年もシュタイナー教育が続けられています。そして、その教育は、日本の北の小さな島でも行われているのです。…心が震え、その事実に畏敬《いけい》の念を感ぜずにはいられませんでした。

マックラリー家は、ハレヤカラ山の中腹にありました。二階のテラスからは、マウイ島を象（かたど）っているもう一つの火山、イアオ・ニードル山と、その麓（ふもと）に広がる町が一望できます。イアオ・ニードル山の両脇に広がる太平洋、その向こうに見えるラナイ島、モロカイ島、オワフ島。いつか夢で見たような…。

標高3032メートルのハレヤカラ山の麓から頂上まで、広い舗装道路が敷（し）かれていて、車で行くことができます。…雲海が広がる空、瞬（またた）く間に沈む夕日、それを待っていたかのように東の空から昇ってくる満月、クレーターに注がれる月明かり、クレーターの中の黒い影、満天の星を一気にかき消す豪快な朝日、激しく崩れ落ちる大きな波、二重（ふたえ）にかかる鮮やかな虹、軒を激しくたたくスコール…ここは本当に地球の上なのでしょうか？「ハワイはハワイ、決してアメリカではないわ」…サクラメントで暮らしていた時、よく通ったスーパーマーケットのチェーン店を横目で眺《なが》めながら、そんなことを思い、わたしは釈然《しゃくぜん》としない思いに駆《か》られていました。

8月18日

伊達市の公立の小中学校は、今日から二学期が始まりました。

「ひびきの村」では、まだサマープログラムが続いています。「シュタイナーいずみの学校」の子ども達も一生懸命働いています。身体の大きな七、八年生は大人と同じ仕事を次々にこなして大活躍です。準備の荷物運びから、部屋の掃除、参加者に召し上がっていただくおやつや昼食の準備、後片づけ、水彩画とボートマー体操のクラスのアシスタント…受講された方々は、生き生きと働く彼等の姿を見て、シュタイナー教育の一端を、きっと、理解してくださったことでしょう。

五、六年生は託児のお手伝いです。お母さんに教えられながら、赤ちゃんのオムツを換えたり、あやしたり、子守歌を歌って寝かしつけたり、乳母車《うばぐるま》に乗せて散歩をしたり…親子がカップルになって仕事をしている姿の、なんとほほえましいこと！　あらあら、一年生の子どもまで子守をしているわ！　一学期が終わる頃になっても、まだ、教室にすんなり入れなかった女の子が、すっかりお姉さん顔で赤ちゃんを抱いています。

「いずみの学校」の子ども達、お父さん、お母さん、ボランティアと講師の方々、スタッフ…だれ一人として欠けていたら、サマープログラムをやり通すことはできませんでした。真に真にありがたいことです。

8月24日

「シュタイナーいずみの学校」の粘土の先生、坂東《ばんどう》由美子さんが事故に遭《あ》い、酷（ひど）い怪我を負いました。意識不明に陥《おちい》り、重態です。

8月29日

午前九時三八分、坂東由美子さんが亡くなりました。

隣の空き地に萩の花が咲き始めました。白い葉裏を見せて風に揺《ゆ》れています。抜けるように高い空には、ほうき雲がうっすらと広がり、赤トンボが夕暮れの空を舞っています。

長い夏が終ろうとしています。

9月11日

耳目を疑うような出来事が起きました。午後九時四五分、(現地時間は九月一一日、午前八時四五分)、ニューヨーク市の南部にある世界貿易センタービルに、ハイジャックされた飛行機が激突しました。ビルは炎上し、約一時間半後に北ビルが、その一〇分後に南ビルが崩壊しました。ワシントンの国防総省のビルにもハイジャックされた飛行機が突入し、炎上しました。推定約六〇〇〇人を越える死者と、行方不明者が出ました。同じ頃、ニュージャージーのピッツバーグ郊外にも、ハイジャックされた飛行機が墜落、乗員、乗客全員が亡くなりました。

「とうとうその日がやってきたのだ」…全身の震えが止まりません。暗く、冷たい、光の見えない岩の裂《さ》け目に、いきなり衝《つ》き落とされたような気がします。アメリカが報復をしないように、戦争が起こらないように、これ以上だれ一人傷つかないように、死なないように…と祈るばかりです。

メッセージ ______________________

# わたしたちの生き方と社会のあり方
# 「教育をわたしたちの手に取り戻す」

皆さまは、「教育」はだれの考えで、だれの手によって行われるものだと、お考えですか？…学校の制度、教育の中身、教育者の資格など、教育に関することのすべてを、立法府が決める。そして、それが正しく行われているかどうかを、行政府がチェックする。そして、違反している者を処罰する…

これが、日本の教育の現状です。

## 日本の教育は、今

あなたは…政治家が学校へやって来て、文部科学省や教育委員会の方針に基づいたことだけを子ども達に教えるよう、教師に強制する…そんな図を想像できますか？　あなたは…役所に勤める人が学校へやって来て、文部科学省や教育委員会の方針にない授業が行われているかどうか、授業の内容をチェックする、そして、違反している者を告発し、処罰する…ことを想像できますか？

容易に想像しがたいことですね。けれど、これは、今、実際に日本の教育の状況です。政治家が直接学校へやって来る代わりに、校長や教頭の責にある人（管理職と呼ばれています）が、教師が学習指導要領に基づいた授業をするよう奨励《しょうれい》します。そして、管理職に在る人が、その責務を十分に果たたしているかどうかを、地方行政府に勤める人がチェックします。行われていない場合は指導し、従わない者は処罰を受けます。日本国憲法第23条「学問の自由」や教育基本法第10条の「教育行政の不当な支配を許さない」という原則は、いまや、完全に骨抜きになっていると言わざるをえません。

このような教育制度のあり方は、わたし達市民の意志なのでしょうか？

わたし達の中には、「日の丸」を日本の国旗として敬い、式典は勿論のこと、子ども達に毎朝掲揚させ、礼をさせることが当然である…と考えている人がいます。「日の丸」を国旗として認めるためには、十分に話し合いをする必要がある…と考えている人もいます。また、「日の丸」を国旗として認めることは、太平洋戦争を承認することになる、従って絶対に認められない…と考える人もいるでしょう。この他にも「日の丸」について、さまざまな異なる考えを持った人がいるはずです。それに、同じことばを話していても、それぞれの考えのニュアンスは違うかもしれません。

…「日の丸」を国旗として認める、認めない…は、まったくわたし達一人ひとりの自由です。それはわたし達の「精神の自由性」によって決められるべきものです。当然、教師一人ひとりが「日の丸」について考えることも違うでしょう。けれど、日本の学習指導要領は法的拘束力を持たないとされているにも関わらず、現場では「日の丸」に関して、教師の「自由性」を認めていません。…日本国の国旗である「日の丸」を、学校の式典で掲揚する…ということを、教師に指導するよう示し、校長が職員会議で掲揚に反対する教師の意見を押さえつけることがあると聞きます。。

けれど、…「日の丸」を国旗として認める、認めない…は、一人ひとりの教師が考えて決めることです。ましてや、…学校の式典でそれを掲揚する、しない…は、それぞれの学校で教職員が十分に話しあった末に決めることです。けれど、…公立学校の式典では、校長権限の名の下に必ず日本国の国旗として「日の丸」を掲《かか》げることを押し切られるそうです。そして、校長の職務命令に違反した者は処罰する…ことが行われています。この点において、日本は「自由国家」ではありません。

また、小学校、中学校、高等学校の教師は、文部科学省の検定によって…「教科用図書」…の認定を得たものだけの使用が許可されています。これも学校教育法に定められています。

日本の教師は、自分の目の前にいる子ども達に、…今何が必要で、何が必要でないかを自分で判断し、必要なことを、いつ、どのように、何を使って教えるか…という自由がほとんど認められていません。このように、日本では教育を拘束《こうそく》するさまざまな法律が、教師を縛《しば》っています。

教育をめぐる問題は、他にもまだまだあります。文部科学省で定められている大学の教員教職課程、地方行政が行う公立学校教師の採用試験などなど…。

今、日本では、このように「教育」が立法府と行政府によって、実施されています。

今日、教育がこれほど荒廃している原因のひとつは、親から委任された「教育者」自身の考えによってではなく、子どもを知らない、子どもの顔を見たこともない、子どもを目の前にしていない立法府と行政府の考えによって「教育」がなされているためだと、わたしは考えています。

## 「精神の自由」の領域である「教育」

ルドルフ・シュタイナーは、わたし達が「健全な社会」を営むために、「社会三層構造」という考えを示しました。「社会三層構造」とは、…わたし達の社会生活には、「精神」と「法」と「経済」の三つの領域があり、それぞれが「自由」であり「平等」であり、そして「友愛」に基づいて営まれなければならない…という考えです。つまり、「精神の自由」と「法の下の平等」と「経済の友愛」を実践する考えなのです。そして、それらがそれぞれ独立し、自立して、互いに犯《おか》すことなく独自に活

動することができれば、わたし達自身も、社会も生き生きとする、と、シュタイナーは言います

「精神」とは、わたし達の文化的領域のことです。わたし達の文化生活は「心」と「精神」の領域であり、「教育」はこの領域の中にあるものです。

「教育」とは、わたし達一人ひとりが、自由で自立した存在となるために受けるものです。いわば、…わたし達の「精神」が何ものにも囚《とら》われず、束縛《そくばく》されずに自由に感じ、自由に考え、そして、自由に行う…そのような存在になることを目指して行われるものです。

わたし達が…「なにを」「どのように」感じ、考え、「なにを」「どのように」するか、あるいは、しないか…ということは、わたし達の「自由な精神」が決めます。…生まれた環境、育てられた環境、育て、教えてくれた人の思い、考え等々…わたし達は周囲のありとあらゆることの、そして、縁あって出会ったすべての人の影響を受けながら成長します。この地球上に、だれ一人としてわたしと同じ成長の過程を経た人はいません。その成長の過程で、人はそれぞれの人間観、世界観を構築します。

結婚し、子どもを持った時、人は自ら築き上げた人間観と世界観に基づいた教育を、自分の子どもに受けさせたいと考えます。あるいは、自らが確信をもって生きようと努力している、その人間観と世界観を子どもに伝えたいと考えます。その上でさらに、子どもによってその人間観と世界観が発展し、進化することを望んでいます。

教師が教育を行う時も、自らの人間観と世界観に基づいて教え、子どもがそれを継いで生き、さらにその人間観と世界観をより良いものにするよう、願いを込めます。

「教育」の歴史をひもとくと、世界の多くの史実が…昔、教育は親の手で行われていた…ことを示しています。今日ほど、職業が細分化され、専門化される以前は、「教育」も教育の専門家に委《まか》されるということはなく、両親が、自らの子どもを自らの考えで、自らの方法で教育しました。次に、親は

今月のトピックス ____________________

自らが信頼する人を自ら選び、その人に子どもの教育を任《まか》せました。いわば、親が自らの理念に基づいて教師を選んだのです。ですから当然、教師が親の信頼に足るものではないと判断した時には、当然教師は解任されることもありました。

今、「教育」はわたし達の手から離れ、わたし達の手の届かない所で行われています。わたし達が自ら築いた人生観や世界観を、自らの子どもが受ける教育に反映させることはできません。

いったい、いつから、わたし達は子どもの教育を、他人の手に渡してしまったのでしょうか?

一八六七年、日本は世界の勢趨《すうせい》に押されて国を開き、各国から屈辱的な条約を結ぶことを強いられました。そして、明治政府は富国強兵の政策をとりました。…文明の発展（つまり経済的に豊かになること）と、外国に屈しないための武力を持つこと…が、日本国の目標とされました。従って、教育もそれに準ずるものでなければならず、明治政府はドイツの教育制度に倣（ならっ）て、日本の教育政策を推し進めました。

…日本国が経済的に豊かになるために貢献しうる人を育てること、日本国が優（すぐ）れた武力を持つために貢献しうる人…そういう人間を育てるための教育…それが、教育の目標になったのです。その政策は、第一次世界大戦、第二次世界大戦を経た後も変わることがありませんでした。いえ、むしろ、その傾向はますます強くなってきたのです。ソヴエトとアメリカの冷戦、宇宙開発競争、経済戦争…わたし達の物質に対する欲望が、それをますます煽（あお）り、日本だけではなく、世界の多くの国が、物質文明の繁栄のための「教育」を、子ども達に施（ほどこ）してきたのです。

いみじくも、ドイツを中心に、中央ヨーロッパで思想活動したルドルフ・シュタイナーは、自らの思想を教育において実現するべく、一九一九年九月七日に、ドイツのシュタットガルトにシュタイナー学校を設立しました。その時彼は、ドイツの教育制度が持つ困難と矛盾を見抜いていたのです。

第三期1号の九月号で、「社会」をより良くするために、わたし達は「何を」「どうしたらよいか」共に考えました。そして、分かったことは、…「社会」を構成しているわたし達一人ひとりが、より良い存在になる…それが、わたし達にできることだという認識を獲得しました。

今、荒廃している「教育」の責任のすべてを国家に背負わせようとすることは、わたし達が得た認識に基づいた態度ではありません。日本国家を成しているのは他のだれでもありません。わたし達一人ひとりなのです。そのわたし達が今、できること、しなければならないことは、…今日の国の政策に異議を唱えること…その政策を支持している政治家を国会に送らないこと…そして、…わたし達自身が行動を起こして、わたし達の手に「教育」を取り戻すこと…だとわたしは考えています。。

## 市民活動としてのシュタイナー教育運動

この夏、全国から大勢の方々が「ひびきの村」にお出でくださいました。「家庭でできるシュタイナー幼児教育」「お母さんとお父さんのためのシュタイナー教育」「教師のためのシュタイナー教育」「芸術プログラム」そして、幼児と小学生のためのプログラム、小学上級生のキャンプ等々に参加するために、六〇〇人余りの方々が、それぞれの願いと思いを抱いて、遠い道のりを出掛けてきてくださったのです。

「家庭でできるシュタイナー幼児教育」のプログラムでは、ルドルフ・シュタイナーの基本的な人間観を学び、それを我が子を育てるための力にしたいと考えるお母さんとお父さんがお出になりました。そして、シュタイナー教育の理念と実践を学び、それをご自分の仕事に生かしたいと望まれる、保育の現場で仕事をされている大勢の方々が参加されました。

「お母さんとお父さんのためのシュタイナー教育」のプログラムには、ご両親そろって参加された方々が多く見られました。お二人で並んで腰掛け、詩を唱《とな》えたり、リズムに合わせて身体を動かしたり、歌を歌ったり…またメインレッスンを受けたり、絵を描いたり、寸劇もしておられました。その光景は、微笑（ほほえ）ましく、心強く、また嬉しい限りでした。

「教師のためのシュタイナー教育」には、五〇人近くの先生方と、これから何らかの形で教育に関わろうと考えている方々がお集まりになりました。教室は教育に対する皆さんの熱意と活気に満ち、一瞬たりとも無駄にはできないという真摯《しんし》な思いに溢《あふ》れていました。

皆さまの教育に対する深い思いが、わたしに痛いほど伝わってきました。わたしの話にはいつにも増して熱が込もりました。薄ら寒い日々でしたのに、授業が終るといつでも、全身から汗が吹き出ていました。「皆さんの思いになんとか応《こた》えたい！」「必要な力を持ち帰っていただきたい」「子ども達のために、元気になって帰って行って欲しい」…時折、そんなわたし自身の思いに押しつぶされそうになりながら、それでも、皆さんの向こうに立っている子ども達を見ながら、わたしは全力を尽くしました。

「芸術プログラム」には、日常の生活から離れて、ゆったりと芸術に浸《ひた》る時間を持ちたいと望まれる方々がお出でになりました。芸術が持つ力について考えたり、エクスサイズをしながらそれを確かめました。そして、みんなで感嘆したり、驚いたり…。水彩画、粘土、オイリュトミー、ボートマ体操、コーラスを体験した皆さまの表情が時間が経つにつれてまろやかになり、身体つきが柔らかくなってゆく様子が手に取るように見られました。そして、プログラムが終った時、身も心も軽やかになり、束縛《そくばく》されていたさまざまな思いからすっかり解放された、晴れ晴れとしたお顔でお帰りになりました。

…我が子に、生きるために必要な力をつけられる教育を…と願うお母さんお父さん。…今目の前にいる子ども達により良い教育を…と考える先生方。…社会を構成している一人の大人として、より良い存在になりたい…と、真摯《しんし》な態度で自分自身と向き合う大人達。

この夏のプログラムで共に学び、わたし達が認識したことは、…子どもを正しく育て教えるためには、わたし達自身が正しい存在でなければならない…ということでした。そして、わたし達は…子ども達と共に、また、わたし達の傍《かたわ》らで生きる人と共に、自分自身が成長したい…と切に望んだのでした。

そして、何よりも…自分達の子どもの教育は自分達の手で行い、自らの人間観と世界観を子ども達に手渡す…ことをしようと考えたのです。

## 自分達の手でシュタイナー教育を

三日間の、あるいは五日間のプログラムを終えてお帰りになる時、たくさんの方々に、一様に聞かれたことがあります。それは、

「どうしたらシュタイナー幼稚園を始められるでしょう?」

「どうすればシュタイナー学校をつくることができるでしょう?」

「わたしでもシュタイナー学校は始められますか?」

ということでした。

シュタイナー教育の素晴らしさを体験し、シュタイナー教育が、真に子ども達が必要としている教育だということを十分知りながら、ご自分の子どもさんをシュタイナー幼稚園に通わせることができないことが、どれほど悲しいことか…。シュタイナー学校のメインレッスンを受け、感動し、楽しみ、真に「精神」と「心」と「身体」が必要とする教育であるということを、心底納得したのに、ご自分のお子さんをシュタイナー学校で学ばせることができない。それがどんなに辛いことか…。

今月のトピックス

そんな悲しみや辛さに押しつぶされることなく、今年サマープログラムに参加された方の中には、きっと「仲間と一緒に、自分達の手で幼稚園をつくろう！」と、密《ひそ》かに心に決めて帰られた方がいらっしゃるでしょう。勇敢なお母さん、お父さんの中には「絶対、シュタイナー学校を始めるんだ！」という、固い決意と共にお帰りになった方もいらしたかもしれません。

「ひびきの村」で行われたサマープログラムは、今年で四回目です。これまでに参加された方の中には、さまざまな形でシュタイナー教育の実践を始められた方々がおられます。実践を始める準備をしている方もおられます。その方々がお便りやファックス、ときには電話をくださいます。そして皆さま、目の前に立ちはだかっている困難について、その解決の方法を訊《たず》ねられます。

## グループが直面する課題

一つの例についてご一緒に考えてください。こんなお便りをいただきました。

わたしはこの二年間、一心に本を読み、ヴィデオを見、講演会で話を聞き、ワークショップに参加しました。そして、心から感動しました。そして、「シュタイナー教育はなんて素晴らしい教育なんでしょう！　これこそ理想の教育だわ。わたしの子どもには、どうしてもシュタイナー教育を受けさせよう」と、決意しました。長女はもう四歳です。ぐずぐずしてはいられません。

早速調べてみると、歩いて通える範囲は勿論《もちろん》のこと、住んでいる町はおろか、その県内にもシュタイナー幼稚園はありません。引っ越しをすることも考えました。夫に話しましたが、「この景気の悪い時に、こんな恵まれた職場を捨てて、どんな仕事に就《つ》けるというのか？　冷静になって考えろ」と一蹴（いっしゅう）されてしまいました。彼の言うことはもっともです。どんなに素晴らしい教育を受けさせたいと望んでも、生活の基盤がなければ不可能です。

「だったら自分で作るしかないわ」と、胆汁質《たんじゅう》のわたしは思い立ちました。子どもを遊ばせるために毎日のように通っていた公園で二年前に出会い、それ以来、大の親友になった芳子にわたしの決意を話しました。彼女も乗り気です。「一緒にシュタイナー幼稚園を始めましょうよ」と、言うわたしのことばに、驚きながらも彼女は同意してくれました。

シュタイナー教育に魅《み》せられて、ご自分のお子さんをシュタイナー幼稚園に入れたい、でも、近くにシュタイナー幼稚園はない。よし、仲間を募《つの》って自分達でつくろう…そう決意して、彼女は始めたのですね。そんな方が、全国にたくさんいらっしゃいます。困難なことを始める決断をされたこと、その勇気、そして彼等の奉仕と献身…心から畏敬《いけい》の念を感ぜずにはいられません。

けれど、彼女の苦悩は続きます。

…幸いなことに、「この人なら…」と思って声をかけたお母さんの中から、「是非、一緒に…」と言ってくれた人が五人になりました。つてを頼って、シュタイナー幼稚園の教員養成のプログラムで勉強した人を見つけることもできました。小さな家を借り、美しく整えて、わたしの子どもは三年間、わたし達が始めた幼稚園で素晴らしい時間を過ごすことができました。…子どもの本質を見極め、子どもが成長するために、今必要な手助けをする…という理念を持って子どもに関わる教師の力で、子どもはずいぶん成長したように見えます。そして、わたし自身も仲間と共にたくさんのことを学び、成長できたことを心から感謝しています。

けれど、せっかくシュタイナー幼稚園で育てられたのに、公立の学校で知育偏重の教育を受け、子どもの成長が妨げられ、子どもがゆがんでしまっては本当に困ります。そうかと言って、シュタイナー学校がある東京や京都、ましてや遠い北海道に引っ越すこともできません。幼稚園のことは何とか理解してくれましたが、「シュタイナー学校に入れたい」なんて言ったら、夫がどう言うでしょう？　それも不安です。

どうしよう？…仲間を集めて自分達で学校をつくることなんて、できるかしら？　いいえ、そんなことはとても考えられない！　でも、せめて週に一度でも、シュタイナー教育を受けさせられないものだろうか？　シュタイナー教育をする「土曜学校」を開いている人がいると聞いたことがある。それならできるんじゃないだろうか？…いろいろなことを考えました。

また今度も、一緒に幼稚園を始めた仲間に呼びかけました。そして、ともかくも、週に一度の「土曜シュタイナー学校」を始めることにしたのです。週に一度の学校なら、夫もお稽古《けいこ》ごとのように思って許してくれるでしょう。

なんという幸運なのでしょう！　まるで奇跡のように、アメリカでシュタイナー学校の教師になるための勉強をした人が、わたし達の前に現れました。友人知人を総動員して、教室に使える場所も見つけました。そして、四月には開校し、子ども達は喜んで通い始めました。課題は山積していましたが、わたし達はそれを一つひとつ解決しようと、皆で努力していました。

そんな時、ご主人の仕事でイギリスに長く滞在していた、というお母さんが、わたしたちの仲間に入りました。その方がイギリスで暮らしていた時、子どもさんをシュタイナー学校に通わせていたと聞きましたので、「それは心強い！」とわたしたちは喜びました。ところが、しばらく経つと、ミーティングに集まってくる人の数が減り、あちらからもこちらからも、不平や不満の声が聞こえ始めたのです。

イギリス帰りのお母さんが、イギリスで経験したことを基（もと）にいつでも自分の考えを強く主張するのです。そして、すべてのことに口を挟《はさ》みます。たとえば、入学を希望する人がいると、「あの子はいい」とか「お母さんの意識が低いからだめ」と、彼女が言うのです。授業のことも、「こんなことはシュタイナー学校ではしていないはずだ」とか、「イギリスではこれこれこういうことをしていた。だからここでもして欲しい」と言うのです。教育のことは先生にお任せすればいいと思うのですが…先生も困っています。最近では、彼女に同調する人も現れて、グループがすっかり二つに別れてしまいました。

どうしたらよいでしょう? もう、子どもを通わせるのを止めてしまおうかとも、思っています。折角《せっかく》自分達で始めた「土曜学校」なのに…。残念でたまりません。

こうして対立が生まれたために、皆の熱意が冷めてしまい、いつかは全日制に…という夢も萎（しぼ）んでしまったと言います。この方だけではありません。この夏も、同じような悩みを抱えて「ひびきの村」にお出でになった方が何人かいらっしゃいました。グループの中での対立や葛藤《かっとう》が、皆さまを消耗《しょうもう》させ、困惑させ、悩み、悲しませているのですね。

「シュタイナー教育は素晴らしい! だから欲しい…というのは「心」の働きです。そして、その「心の働きを、皆さまは「意志」に繋（つな）げ、「シュタイナー幼稚園」を、「シュタイナー土曜学校」を始めました。皆さまは素晴らしい「心」の働きと、強い「意志」の力をお持ちでした。そして、それが形に実りました。

今、皆さまが必要としている力は「思考」の力です。人間の内に「思考」の力が働かなければ、全（まった）き存在として生きることができません。グループも、組織も同じことです。皆さまの素晴らしい「感情」の働きが「意志」衝動（しょうどう）を生み出して、皆さまの行為になりました。そして、幼稚園が始められ、土曜学校が始められたのです。それを健全な力ある存在とするために、「思考」の力を働かせる必要があります。

## 共に目的を遂げるために型を整えましょう

「シュタイナー幼稚園」「シュタイナー土曜学校」を始められた皆さま、是非、型を整えましょう。勉強会を続けている皆さまも、「『社会三層構造』なんて、難しくてとてもできません。第一、その考え方が分からないんですもの」…なん、尻込みしないで！　できることから、是非、始めましょう。それが、わたし達の手に教育を取り戻す、礎（いしずえ）になるのですから！

「社会三層構造」の考え方で、「ひびきの村」の活動と運営を始める時、わたし達もその考え方と実践の方法を、深く、正しく理解していたとは言えませんでした。それでも、わたし達は「ひびきの村」で、シュタイナーの思想を実践することを決めていました。ですから、「する」「しない」という選択はなかったのです。いえ、それは正確ではありません。わたし達は、わたし達の意志によって「社会三層構造」を実践する、と決めたのです。

わたし達人間には、「意志」と「感情」と「思考」の力が具《そな》えられています。この三つの力がわたし達の内で育った時、わたし達は「自立した自由な人間」として生きることができます。わたし達の内で、この三つの力がバランス良く成長すると、わたし達は「調和の内に」生きることができるのです。けれど、現実はなかなかそうはいきません。成長する過程で、わたし達の中にはさまざまな偏（かたよ）りと、歪（ゆが）みと、滞（とどこお）りが生まれ、わたし達の多くはそれらを抱えて生きています。

それは人間だけではありません。どんなグループにも、どんな組織にもあてはまります。グループも、組織も、一人の人間と同じプロセスを践（ふ）みながら成長します。グループや組織が存在し、成長し、活動するためには、そのグループや組織の内で「意志」と「感情」と「思考」の力が働いていなければなりません。これらの三つの力が一つでも欠けていたら、あるいは、一つの力が突出していたら、そのグループや組織は健全な存在ではあり得なくなります。

まず、グループや組織の型（フォーム）を整えましょう。「社会三層構造」の「精神の自由」と「法の下の平等」と「経済の友愛」を司る、三つの部分を確立することが必要です。

「運営委員会」

人間に物質としての「身体」が具《そな》えられているように、グループや組織にも「身体」が必要です。「社会三層構造」の中の「法」の部分です。それは、グループや組織が活動するために「運営」を担《にな》います。このグループを「運営委員会」と名付けましょう。「運営委員会」のメンバーは考え、話し合って、グループや組織を運営するための「方針」と「きまり」を定めます。そして、どんな場合にも、どんな人にも、「方針」に従ってきまりを「平等」に用い、「運営」します。

「運営委員会」はいわば、グループや組織の「身体」の部分であり、「身体」は「意志」、つまり「きまり」によって動きます。

「教師会」

「精神の自由」の部分を担《にな》うのは、「精神活動」や「文化活動」を行う部分です。幼稚園や学校でしたら、その部分を教師達が担います。教師達は「教師会」を作り、教育の柱を立てします。そして、

今月のトピックス ____________________

自分達の教育活動が、常にその方針に沿《そ》ったものであるかどうか、確認し合います。そして共に学び、互いに支え合います。

小さな幼稚園で、教師が一人しかいない、という場合には、相応《ふさわ》しい方々にアシスタントをしていただき、その方々に教師会に参加していただいたらどうでしょうか？　将来の教師を育てる意味でも、とても大切なことですね。言うまでもなく、「教育」のすべてを教師が責任を負います。他の部門の介入、干渉は決して受けません。

「経済委員会」

次に「経済の友愛」の部分です。これは「経済委員会」が担います。グループや組織が円滑に運営されるために、幼稚園や学校が、教育の目的を遂げることができるために、経済的な部分のすべての責任を担います。学校の運営のために必要な保育料、授業料、そして教師とアシスタントの生活費の額は「経済の友愛」の考え（前号の九月号、「ひびきの村」便りを参照してください）で決められることが理想的です。けれど、それを十分に理解することなく実践して混乱と対立と争いを起こし、それが原因で運営することが困難になり、挫折《ざせつ》してしまった例をわたしは数多く見ています。無理なことはせず、学びながら、少しずつ理想のあり方に近づいていったらいいのではないでしょうか？

「運営委員会」と「経済委員会」には、教師が参加する必要があると、わたしは考えます。目標としている教育の実践を可能にするためには、「運営委員会」と「経済委員会」に教師が参加し、常に、教師の活動や計画などが間違いなく伝わることが望ましいでしょう。

他に、実際的なことでは、

・入園を希望する父母とは、三つの部署から代表者が会い、同じ志を持つ人であることを確認します
・子どもには教師が会い、入園を決めます

もっとも大切なことは、幼稚園、あるいは学校を、…みんなで共に精神の進化を遂げる場とする…ということでしょう。

## 「ひびきの村」では…

「ひびきの村」はシュタイナーの思想をさまざまな形で実践している、「理想郷」だと考えていらっしゃる方がいます。「ひびきの村」は、理想を実現しようと志す人々が集まっている所ではありますが、言うまでもなく、決して「理想郷」ではありません。わたし達は、…自分達の子どもの教育は、自分達の手で…シュタイナー教育を自分達の力で…と望み、たくさんの方々に助けられて幼稚園を始め、学校を始めました。

「ひびきの村」では、ルドルフ・シュタイナーの提唱した「社会三層構造」の実践が試みられています。「幼稚園こどもの園」と「シュタイナーいずみの学校」は、「ひびきの村」の教育部門です。その他にも、「ひびきの村」の教育部門には「小学生のための芸術教室」「シュタイナーいずみの土曜学校」が、大人のためには「自然と芸術と人智学を学ぶプログラム」「シュタイナー学校の教員養成プログラム」、そして、さまざまなワークショップやサマープログラムが行われています。これらは、当然、「ひびきの村」の「精神生活」と「文化生活」を担《にな》う部門です。そして、そこには「自由性」が働いていなければなりません。

また、「こどもの園」、「シュタイナーいずみの学校」、その他の教育部門それぞれが、「社会三層構造」の考えによって運営されています。そして、その中では教師が「精神の自由」を、運営委員会が

「法の下の平等を」そして、経済委員会が「経済の友愛」を担っています。

「シュタイナーいずみの学校」には、さまざまな人が関わっています。フルタイムの教師は全員が「ひびきの村」のスタッフです。勿論《もちろん》、パートタイムの教師の中にもスタッフがいます。パートタイムの教師の中には、父母もいます。運営委員会のメンバーには、「いずみの学校」の運営に関わろうという意志を持つ伊達市民と父母と教師と「ひびきの村」のスタッフがいます。経済委員会には父母と教師と「ひびきの村」のスタッフがいます。

## もう一つ、大切なこと…自由とは何？

「ひびきの村」では、すべてのメンバーがシュタイナーの思想を学び、それを自らの仕事において実践しよう、実践したいと考えています。けれど、メンバーの一人ひとりが持つ、シュタイナーの思想に対する認識が異なり、認識の段階が異なっていることもまた事実です。それはさらに、シュタイナーの思想を基にした、世界に対する認識の違いをも生み出します。

わたし達はみんなそれぞれ異なった存在であり、異なった「身体」と「心」を持っています。それが人が共に生きる時、どんな場合でも、どんな集まりの中でも、多くの課題や困難を生み出します。「ひびきの村」においても例外ではありません。人が一〇人いたら、その一〇人一人ひとりの姿形(すがたかたち)、性質、思い、考えが違っているのですから、一人ひとりの世界に対する認識が違うことは当然のことです。わたし達は…真理を認識する時にのみ…一つになることができます。

グループや組織の中で、さまざまな認識の異なる人達が共に働く時、往々《おうおう》にして問題になることがあります。認識において先んじていると自負する人…が、強引に仕事を進める…多くの決定を一人でする…仲間に仕事を強いる…と、仲間が感じ、それによって不調和が生まれ、不平が生まれ、不信が生まれることがあります。皆さまも、同じような体験をされているのではないでしょうか？

「どうしても押しつけられていると感じてしまうんです」とか、「なんか分からないうちに、結局わたしが『する』羽目になってしまって…」とか、「『あなたの自由意志で決めてください』と言いながら、『いや』とは言えない雰囲気だったんです」「『できない』なんて言ったらばかにされそうだったから…」という声が聞かれます。

それに対して、「そんなことないわよ。押しつけられていると感じる、あなたのあり方が問題なのよ」と言うこともできます。「自分の頭を使ってしっかり考えないからよ。…分からないうちに決まってしまったなんて…自立した大人のいうことばではないわ」と反論することもできるでしょう。「雰囲気に押されないように、しっかりしなくちゃ…」と、諭（さと）す人もいるでしょう。「人の評価を気にすることはないわ」と、笑いとばす人もいるかもしれません。

わたし達は日々こんな思いに囚《とら》われ、縛《しば》られ、悩み、苦慮しながら暮らしています。だれもが、「自由で自立した人間」でありたいと願いながら…。それでも、こんなふうにさまざまな思いに縛《しば》られています。真に「自由で自立した人間」として生きることは、なんと難しいことでしょう。

わたしが他者から考えを「押しつけられている」と感じる時はどんな場合でしょうか？　たいていの場合、わたし自身が「自信がなく」「確信が持てず」「弱気になっている」時です。たとえ相手が自分の考えを強く主張したとしても、わたしが自分の考えに確信を持っていたら、決して「押しつけられている」とは感じません。

また、そんな時、自分の内面をよーく観ると、…問題になっていることについて、わたしは十分に考えていなかった…と気づくことがあります。問題について十分に考えた時、わたしは相手の考えを理解することができます。なぜなら、相手が主張していることも、また、わたしの考えの中にあり、わたしはその考えについても十分に考えたのですから…。ですから、相手の考えが、たくさんある考えの中の一つであるということも分かります。強く主張を続けている相手を、「自分の考えに随分固執《ずいぶんこしつ》しているなあ」とか、「そんなに言い張らなくてもいいのに…」とか、「もう少し柔軟に考えられないのかしら?」と思い、少々困惑することはあります。けれど、決して「押しつけられている」と感じることはありません。

わたしが他者に自分の考えを「押しつける」時もまた、わたしは十分に考えていない時のように思えます。自分の考えに囚《とら》われたまま、他者の考えに耳を傾けることができないということは、わたし自身が十分に考えていないために、他者の考えを一つの可能性として考えることができなかった、という証(あかし)だと思うのです。ですから、自分の考えに強く「確信が持てず」「自信がない」ので、それを「悟られまい」として徒(いたづ)らに、自分の考えを押し通そうとするのです。

十分に考えた後には、「確信がある」ので、人は他者に静かに耳を傾けることができます。十分に考えた人は、「自信がある」から他者の考えを理解することができます。考えない人だけが、他者に耳を傾けることができません。

わたしは自分が考えていないことについては、口を挟《はさ》むまいと努めています。いかにも考えたという振りをして話をすまいと決めています。わたしは、考えているつもりになっている、もう一人のわたしによく騙(だま)されることがあります。わたしは、考えた振りをする、もう一人のわたしに上手(うま)く乗せられることがあります。十分気を付けなければなりません。

共に、活動する時、「押しつける」ことも、「押しつけられる」こともなく、一人ひとりが、自分の心で感じ、自分の頭で考え、感じ、考えたことを、自分の手足を使って行為することが出来るようにしたいものです。そして、「感じ」「考え」「する」ことのすべてに責任を担い、真に自立し、自由な存在として…。

この夏、「ひびきの村」では、恒例《こうれい》のサマープログラムが行われました。「ひびきの村」のスタッフ、「こどもの園」の父母、「シュタイナーいずみの学校」の父母、「自然と芸術と人智学を学ぶプログラム」の受講生、「シュタイナー学校の教員養成プログラム」で学ぶ人、ボランティア…実に多くの人が共に働きました。さまざまな葛藤《かっとう》がありました。困難も、苦悩も、混乱も、ときには誤解による対立もありました。

長い夏の間、厳しい条件の中で、サマープログラムをやり抜いた力は、一人ひとりが持つ…「サマープログラムに参加される方々に、素晴らしい体験をしていただきたい」…という願いでした。その願いは、十分に話し合い、準備し、共に仕事をしている間に、みんなの内で強い衝動に変わってゆきました。

そのプロセスを辿ることを可能にした力は、勿論、一人ひとりが素晴らしい存在であることに、由来するものです。けれど、時には揺《ゆ》らぎ、時には疑《うたが》い、ときには苦悩するわたし達を支えた真の力は、「ひびきの村」を支えている「社会三層構造」そのものの型でした。

悩み、混乱する時、わたし達はいつでも、三つのグループがそれぞれ担う仕事をを明確に分けました。そして、それぞれが担う責任を果たしました。そして、他のグループが決定したことには干渉せず、他のグループの活動を束縛《そくばく》せず、他のグループの試みを尊び、信頼しようと努力しました。それが可能であったのは、「ひびきの村」に確固とした「型」があったからなのです。真（まこと）にありがたいことです。

## シュタイナー教育の実践は、社会を変える運動

皆さまも、そして、「ひびきの村」のわたし達も、さまざまな困難を抱え、苦悩しながら、学ぶことによって自らの認識とした「シュタイナーの思想」を生き、「シュタイナー教育」を実践しています。

この項の初めに書きましたように、「教育」は、社会の「精神の自由」の領域にあります。それは、人間の「心」と「精神」の領域であり、何ものによっても、決して冒《おか》されてはなりません。干渉され、束縛《そくばく》され、命令されてはなりません。そして、わたし達の活動の、どんなところにも、どんな場合にも、どんな時にも、「精神」と「心」が働いていなければなりません。

## 「精神の自由」の領域であるべき教育を、経済と政治の領域に、委《ゆだ》ねてはならない

教育は文部科学省ではなく、地方行政府でもなく、ましてや教育委員会によって行われるものではありません。教育こそは、わたし達市民の手によって行われるものです。教育活動は市民活動そのものです。教育は、わたしたち市民が行われなければなりません。それは「精神の自由」の領域、「文化」の領域であり、文化は政治や経済に冒《おか》されてはならないのです。

「シュタイナー教育」を実践することは、わたし達が手から離してしまった「精神の自由」を取り戻し、わたし達が「自由な存在」になるための大きな力になるであろうことを、わたしは強く確信しています。

## 人は何のために生きるのか？

# 「生きることと、死ぬこと」

**8月が終わる29日、午前9時38分に、シュタイナー「いずみの学校」で粘土の授業を担当していた坂東由美子さんが、交通事故で亡くなりました。ニューヨークから一家で移り住み、ふたりの子ども達を残して。35歳の人生を終えました。人の生と死を人智学を通して考えたいと思います……。**

坂東《ばんどう》由美子さんが亡くなりました。わたしは、病院から家に戻ってきた由美子さんに、一言《ひとこと》お別れを言いたくて由美子さんの家を訪ねました。けれど由美子さんの身体の中に、由美子さんはもういませんでした。…海に行ったらきっと会えるわ…そう思って、わたしは庭先から海岸に出ました。防波堤の上に腰掛けて海を眺《なが》めると、雲の向こうに見え隠れする夕日が鈍《にぶ》い光を放っていました。

気がつくと由美子さんはわたしの傍《かたわ》らにいました。空を見上げると、そこにも由美子さんの笑顔が見えました。風の中に由美子さんの声が聞こえます。沈んでゆく太陽の鈍い輝きの中にも、由美子さんの姿がありました。わたしはホッとしました。

わたしの隣に腰を下ろしていた杏奈《あんな》ちゃんがこんなことを言いました。（二期の読者の皆さまは覚えていらっしゃるでしょうか？ 5号に登場した杏奈ちゃんは「シュタイナーいずみの学校」の三年生になりました）

「どうしてみんな悲しんでいるの？ 由美子先生は幸せなのに…」「そうねえ、もう由美子先生の笑顔が見られないからかな…」「そりゃあはじめはね、由美子先生もみんなと別れることがちょっと悲しかったけど、由美子先生、今は喜んでいるよ」「…」「由美子先生はもう身体がないから、どこにでも行けるの…さっきはニューヨークに行ってたよ、おともだちに会いに…」「そうね、由美子先生はここに来る前、ニューヨークで暮らしていたからね。お友だちいっぱいいるんでしょうねえ」「とっても懐《なつ》かしがってた！」「よかったわね、お友だちと会えて…」「あっ、由美子先生、工事してる機械にぶつかった！　ほら、あそこ！　由美子先生とってもびっくりしたみたい！　でも、するっと通り過ぎたからだいじょうぶ！」「由美子先生身体がないから、どこでもすっと通れるのね。でも、まだ馴《な》れていないから、びっくりしたんだわ、きっと」「うん。でも、すぐに馴《な》れるよ」「馴れたらとっても楽になるでしょうね」「由美子先生ここに来る前は、金星にも行ったんだよ。火星にも行ったよ」「そうかあ、由美子先生はもうどこにでも自由自在に行けるのね」「いいなあ…」「いいわねえ…」

杏奈《あんな》ちゃんには見えるのでしょう。確かに由美子さんはわたし達のすぐそばに、空の彼方（かなた）に、そして、宇宙のそこかしこにいるのです。

## 坂東由美子さんが亡くなりました

二〇〇一年八月二四日の午後、「ひびきの村」の「シュタイナーいずみの学校」の「粘土」の授業を受け持っていた、坂東由美子さんが交通事故に遭《あ》いました。由美子さんは長女の摩耶《まや》ちゃんを乗せて、伊達市から国道37号線を自宅に向かって走り、右折しようと一時停止していました。その時、後ろから走ってきた乗用車に追突され、反対車線に押し出されてしまったのです。その瞬間、対向車線を走ってきた大きなバンが、由美子さんの車に激突し、そのはずみで由美子さんの身体は宙を飛んでフロントガラスを突き破り、道路に投げ出されてしまいました。

自分の車の下敷きになってしまった由美子さんが、駆《か》けつけたレスキュー隊員に助けだされた時にはもう既に、由美子さんは意識を失っていたのです。脳挫傷、内臓挫傷、両鎖骨《さこつ》骨折、骨盤骨折等々…大けがを負い、由美子さんは痛々しい姿になってしまいました。

運ばれた伊達市内の日赤病院では必要な治療が受けられず、由美子さんはすぐに室蘭市の市立病院へ運ばれました。骨折による内出血を止めるための応急手術をしたものの、脳の損傷は手がつけられない状態でした。医者は様子を見ていましたが、脳内出血がひどく、手術をしても助かる見込みはほとんどない。けれど、このまま手を拱（こまね）いていたのでは一〇〇%助からない…という状況の中で、由美子さんは手術を受けることになりました。

医者は…手術そのものは成功しました…と言いましたが、由美子さんは脳死状態となり、意識が戻らぬまま二九日午前九時三八分、逝去《せいきょ》されたのです。三五歳でした。

## 坂東由美子さんのこと

由美子さんと夫の剛《つよし》さんは二年前、それまで住んでいたニューヨークでの生活を切り上げて、日本に帰って来ました。…お金で手に入れられるものは、ほとんど手に入れたの。でも、そんなことはもうどうでもよくなってね。子どもがお父さんの顔を二日も三日も見ないで過ごす、なんて生活がつくづくいやになって…わたしはね、貧しくてもいいから、いつでも家族みんなで一緒にいたかったの。ここで小さな土地を手に入れて、自給自足の生活をしたいわ…

…「ひびきの村」に来たのは、祐子さんの本を読んだ剛《つよし》さんが、『「ひびきの村」に行こう』って言ったから。それに、なんといっても子ども達にシュタイナー教育を受けさせたかったら…由美子さんは初めて会った時、目を輝かせてそう話していました。

ニューヨークで暮らしていた時、由美子さんと剛さんは知人に紹介されて、長女の摩耶《まや》ちゃんをシュタイナー幼稚園に通わせました。幼稚園から毎日晴れ晴れとした顔で帰ってくる摩耶ちゃんを見て、由美子さんと剛さんは「あんなに摩耶をいい顔にするシュタイナー教育ってなんだろう?」と関心を持ち始め、他の父母達と一緒に勉強を始めました。勉強すればするほど、由美子さんと剛さんはシュタイナー思想やシュタイナー教育に魅《み》せられ、日本に帰ってからも、是非、子ども達にシュタイナー教育を受けさせたいと望んだのでした。

「ひびきの村」にやって来た由美子さんと剛さんは、伊達市をとりまく豊かで美しい自然に感動し、自給自足ができる環境を探しました。けれど、どんなに望んでも「農業従事者」でなければ「農地」を買うことはできません。日本の農業政策は、簡単に新規就農者を認めてくれないのです。彼等が買うことができる「原野」は、冬には雪も深く道路もありません。勿論《もちろん》、水道も電気も引くにはたくさんのお金が必要です。

一度は「ひびきの村」のスタッフになることも真剣に考え、話し合いも持ちました。若い彼等は…子どもを育てることを最優先にしよう、そして、「ひびきの村」とはスタッフとしてではない関わり方をしよう…そう、決めたのでした。

そこで、剛《つよし》さんは「ひびきの村」のスタッフがお借りしている家の大家さんの漁の手伝いを始めました。そして、三メートル先が海…という土地に、ふたりで小さな家を建て、裏の空き地を耕してたくさんの種類の野菜を作り、彼等はようやく「自由な暮らし」を始めることができるようになったのでした。

一九九九年に『シュタイナーいずみの学校』を始める時、わたしは由美子さんに、「子ども達に粘土を教え欲しい」と、お願いしました。由美子さんはニューヨークで陶芸を学でいたと聞いていたからです。

「わたし、シュタイナー教育は勿論のこと、シュタイナーの思想もちゃんと勉強していないのに…いいんですか？」…由美子さんはわたしにそう訊《たず》ねました。「『いずみの学校』の子ども達に、粘土を教えることが、今のあなたに与えられた使命だと感じたら、してください。もし、そう感じられなければ、残念だけど、諦《あきら》めます」と、わたしは答えました。

「これがわたしの使命なのかどうか、本当はよく分からないのだけれど…。でも、わたしが必要とされているのなら、させてください」…考え考え、そう言って、由美子さんはその日からわたし達の仲間になりました。

「授業中、子ども達のおしゃべりが多いんだけど…どうしたらいいかしら?」「授業の内容をメインレッスンのテーマとつなげるのが、とっても難しいわ」「これでいいのかなあ…って、いつも思っているの」…由美子さんはいつでも真剣でした。考え、悩み、工夫し、試し、確かめながら、子どもが必要としていることをしようと努力していました。

## 坂東由美子さんの授業報告

由美子さんは事故に遭《あ》う一日前に、授業のレポートを書きました。「シュタイナーいずみの学校を育てる会」の通信に載《の》せるためです。

〈粘土の授業〉

粘土の授業は、毎週火曜日に行われています。始業のベルが鳴って、教室に入りますとまず、黒板の前に立って子ども達が静かになるのを待ちます。一人、二人とたいてい一、二分で全員が背筋を伸ばして私の方を向きます。それから挨拶をして授業が始まります。内容は、メインレッスンにそったものをしています。例えば、古代史で、ギリシャやローマを勉強している時は、その当時使っていた物、作った物(支柱や壺《つぼ》)を再現しました。一人ひとりがギリシャの家屋を幾つも作り、全員で大きな町も作りました。算数で分数をやっている時は、大きなひとかたまりの粘土をまず、丸くして次にそれを細長くしていきます。それから自分の顔の長さを測り、その長さで身長を割り、自分が何頭身であるかを調べました。ほとんどの子どもが六頭身と少しでした。細長くした粘土に六等分の印をつけ、そこから頭、手、足を出して人間を作りました。全体のバランスをとるのがとても難しそうでした。

何か作る時は、まず丸から作り始めます。すべての生命の始まりも丸い球だからです。小さな子どもが泥んこ遊びで最初に作るのも丸いお団子ですものね。私はいつも生徒に粘土は生きているんだよ、私達が話したり、思ったりしていることがすぐに伝わってしまうの。だから「あーつまんないなー」とか、「もうできなーいダメだー」なんて言うと本当にそうなってしまうし、逆に「頑張ってね、私も一生懸命作るわ」って言うと、本当に粘土も頑張ってくれるんだよ。それに粘土にだって心があってよーく聞いてあげると粘土の気持ちが分かってくるんだよ。と言っています。すると子供達は、乾燥してきてひびの入った粘土を見て言います。〝先生、わたしもう疲れちゃったーって粘土が言ってるよ〟っと粘土の気持ちが分かったという顔をしてニコニコとしている子どもの笑顔は輝いています。

〈坂東由美子〉

「いずみの学校」で教えている先生のために、わたしが私的に始めた「シュタイナーの思想と、シュタイナー教育を学ぶ講座」を、由美子さんは熱心に受けていました。彼女はいつでも予習と復習をしてきました。内容を正しく理解しようと努力していました。与えられた課題は必ずしてきました。そして、もっともっと深く理解したいと望んでたくさん質問していました。質問はいつでも的確でした。

また、由美子さんは自分の考えをよく話しました。「学び初めて日が浅いのに、どうして彼女はこんなに分かるんだろう？」と、わたしはよく感嘆していたものです。素晴らしい思考力を持った人でした。

由美子さんは「意志の人」でもありました。…わたしは自分が「したいから」、自分が「好きだから」するのよ。それだけよ…と、言っていましたが、彼女のすることは、すべて「人に必要とされている」ことでした。そして、彼女のすべての行為は「人を喜ばせ」、「人を幸せにする」ものでした。

由美子さんは摩耶《まや》ちゃんと亮太《りょうた》くんが通う、生まれて間もない『こどもの園』を育てることが、自分の使命だと考えていたようでした。運営委員になり、積極的に仕事を進めていきました。彼女が加わってから『こどもの園』の内も外もめきめきと美しく整えられました。「庭には砂場が要るわ」…そう言うと、翌日には由美子さんは剛さんと一緒にシャベルとスコップを持って現れました。「お花がいっぱい咲いている花壇も必要ね」…草を抜き、土をならし、種を蒔《ま》き、球根を植え、柵で囲み…一月（ひとつき）経つと、庭には美しい花壇ができていました。木を植え、柵を巡《めぐ》らし、門を作り…今、『こどもの園』がこんな美しいのは、由美子さんの美しいものへの憧《あこが》れと、美しいものに取り囲まれていたいという衝動と、由美子さん自身が美しく在りたいという、強い願いによるものです。そして、由美子さんの願いを自分の願いとし、いつも共に働く剛さんの献身と…。

坂東さん一家は『こどもの園』が成長するために必要な、たくさんの生命の力を運んできてくれました。「必要なら、つくりましょうよ！」「必要なら、今すぐしましょう！」という明るく元気な由美子さんの声が、他の父母の気持や力を駆《か》り立てました。そして、園舎の壁《かべ》はきれいに塗《ぬ》られ、カーテンが取り付けられ、台所が改修され、足りないおもちゃは揃えられたのです。

そして働く由美子さんのそばには、いつでも剛さんの姿がありました。

由美子さんは「美しいもの」が好きでした。周囲を「美しく整える」ことが得意でした。「人が集まる」ことが大好きでした。そんな由美子さんにとって、「ひびきの村」で行われる数々の行事は、楽しい、嬉しい、幸せなことでした。

一九九九年冬には、二人で「ひびきの村」の一大行事である「ウインターフェア」のコーディネーターを買って出ました。寒々とした大きな納屋が、由美子さんと剛さんのアイディアで、美しく、彩《いろど》りのある、暖かな場所に変えられました。がらーんとした天井が色とりどりの豆電球で飾《かざ》られ、トタンの壁にはたくさんの美しい布がかけられました。土間の真ん中には大きな大きな樅《もみ》の木が立てられ、傍《かたわ》らに置かれた鉄製のストーヴにはどっさりと薪《まき》がくべられ、いつでも赤々と燃えていました。

納屋《なや》は、そこに入った人のだれもが「いつまでもいたい！」と思うほど、居心地のよい暖かな場所に変えられました。それもこれも由美子さんの大いなるインスピレーションによるものでした。

大勢の人が集まって歌を歌い、ゲームを楽しみ、劇を見、おいしいケーキや飲み物を頂き、クラフトを作り、絵を描き、おしゃべりし…それを見ている由美子さんと剛さんの、なんと嬉しく幸せそうなこと！　顔を会わせるたびに、「うふふ」と笑っていた由美子さんの顔が、今でも目に焼き付いています。

由美子さんと剛さんは、夢を果たすべく、自分達の畑でバイオダイナミック農業を実践し始めていました。二人は「ひびきの村」の「リムナタラ農場」で手伝い、学びながら、土を耕し、堆肥《たいひ》を積み、プリパレーション（調合剤）を撒《ま》き、着々と土の生命を蘇《よみがえ》らせてゆこうとしていました。そして収穫した色も艶《つや》も味も良いピーマン、赤蕪《かぶ》、ビーツ、ケール…。収穫したものを友人知人にプレゼントすることが、由美子さんにとって無常の喜びであり、嬉しく幸せなことのようでした。

由美子さんと剛さんの畑から獲《と》れる野菜に、由美子さんは「健康野菜」と名付け、一月《ひとつき》に一度、伊達の駅前で開かれるフリーマーケットで売りました。獲《と》りたての野菜をチャパで包んだものはとてもおいしく、マーケットの名物になりました。

今年の「シュタイナーいずみの学校」の入学式にも、会場を美しく飾る由美子さんの姿がありました。「花のフェスティヴァル」では、花の国からお出ましになった、花のキングとクイーンのために、由美子さんは素敵な玉座《ぎょくざ》を作りました。美しくされることが必要な場所には、いつでも由美子さんの姿がありました。美しいもののそばには、いつでも由美子さんがいました。

何よりもわたしが心を打たれたことは、まわりを美しく飾る由美子さん自身の美しさでした。美しい笑顔、美しい笑い声、美しい姿、美しい立ち居振る舞い…今、コンピューターを打つわたしの目の前に、頭に花の冠をつけた美しい由美子さんの写真が置かれています。

## 人は死ぬ時を、自分で決める

目の前のススキの穂がいっせいに揺《ゆ》れます。わたしは風が通り過ぎる音の中に、確かに由美子さんの笑い声を聞きました。わたしは由美子さんの声を追って、風の中を歩きます。高く青く澄んだ空いちめんに、羊雲《ひつじぐも》が広がっています。わたしは雲の陰に由美子さんの姿を見たように思います。由美子さんが懐《なつ》かしい！…雲といっしょに流れていったら、由美子さんに会えるでしょうか…。

由美子さんと剛さんの畑で摘《つ》んだセージに熱い湯を注ぐと、白い湯気が上がり、爽《さわ》やかな香りが漂《ただよ》います。わたしはふと、その中に由美子さんの息づかいを感じます。わたしはその湯気を深く吸って、由美子さんを偲《しの》びます。

わたしの「身体」の一二の感覚は、由美子さんの形を、色を、匂いを、膚触（はだざわ）りを覚えています。由美子さんの声、動き、生命の輝きを覚えています。そして、由美子さんを思わせる「もの」を知覚した時、わたしの感覚（身体）は由美子さんを慕《した》い、懐《なつ》かしみ、求めます。

その時、わたしの「心」は…由美子さんにもう会えない…という思いで、切り裂《さ》かれるような痛みを覚えます。わたしの「心」は失った由美子さんの暖かさ、優しさ、誠実さ、強さ、潔《いさぎよ》さを恋しがっては悲しみ、嘆《なげ》き、痛み、苦悩します。わたしの「心」は由美子さんの激しさ、熱さ、強さ、明るさを惜《お》しんで偲《しの》び、泣きます。

けれど、わたしには「精神」が具《そな》えられています。わたしの「精神」はいつでも、どこでも、どんな場合にも、由美子さんの「精神」を感じ、由美子さんの「精神」と共にいます。ですからわたしがわたしの「精神」の働きに殉《じゅん》ずる時、わたしは由美子さんの「身体」がここにないことを悲しまず、失った悔しさも感じません。わたしは由美子さんの「精神」と共にいる歓びと感謝の気持ちに満たされます。

わたしの「精神」は知っています。すべては由美子さんが決め、由美子さんの意志によって選ばれたことだったということを…。

「生まれてこの方覚えている限り、わたしはどんなことでも自分で考えて、自分の意志で決め、そしてしてきたわ。だって、だれの人生でもない、わたしの人生ですもの！　わたしが決めなくて誰が決めるの？　自分で決めなくちゃ…ね。どんなことでも他人に決められるなんて嫌じゃない！　わたしの運命はわたしが決めるんだわ」

由美子さんはいつでもそう言っていました。そんな由美子さんが、…この世を去って精神の世界へ移る…という、何よりも重要なことを、由美子さん以外の者の意志によって決められるなんていうことを、承伏《しょうふく》するわけがありません。由美子さんは自分で決めて、自分で成し遂げたのだと、わたしは強く確信しているのです。

常識的な見方をすれば、ふたりの幼い子どもを残し、愛する夫を残してこの世を去るということは、由美子さんにとって、決して本意ではなかっただろうと思われるでしょう。恵まれたたくさんの才能と力を、十分に使うことなくこの世を去ったことは、由美子さんの意志である筈《はず》がない、と考えることも当然のことです。

だれが、…最愛のパートナーと子ども達を置き去りにし、懸命に築いてきた家庭を見捨てて、精神の世界に旅立つこと…を望むでしょう？　だれが、…恵まれた力と才能を生かさないまま、この世を去ること…を願うでしょうか？　常識的に考えれば、そんな人がいるということは、到底理解できません。そんなバカなことを、自分の意志で決める人がいるなんて、想像すらできないことでしょう。そんな考えはとても受け入れがたいことでしょう。

けれど、わたし達は「精神科学」を学び、「精神科学」が示す世界観を基（いしずえ）にして、「精神の進化」を遂げようとしています。わたし達は物質だけがこの世のすべてだとは決して考えてはいません。この世界には、物質をかく在《あ》らしめている「精神」の力が働いているのだということを知っています。「精神」の力の働きがなければ、物質は存在し得ないのだということも知っています。「精神」の力によってこそ物資が存在するということは、「精神科学」を学び、その世界観を生きようと努力しているわたし達の基本的な認識なのです。

「精神科学」は、…人間はこの世に存在している間、物質である「身体」と、「身体」と「精神」を繋《つな》ぐ「心」と、そして「精神」を具えられている…ということを示してします。…人間がこの世に生きて存在している間、「身体」には「生命体」が働いており、その「生命体」が「身体」から離れると、わたし達は「死」を迎える…これが、「精神科学」による人間観なのです。さらに…「生命体」が「身体」から離れるためには、三日という時が必要であり、「心」が「精神」と離れるためには、さらにその人がこの世で生きた半分の時間を必要とする…と言います。

わたし達の「精神」は、死んだ後も存在します。そして、わたし達は「精神」だけの存在として「精神の世界」で生き続けるのです。つまり、「この世を去る」ということは、「精神の世界」に誕生することであり、「精神の世界」で「死」を迎える時、わたし達は「この世」、つまり「物質の世界」に誕生するのです。

このようにして、永い永い間、わたし達は「精神の世界」と「物質の世界」に生まれ、死に、再び生まれ…ということを繰《く》り返しているのです。そして、「精神の世界」にいる間は「その時に」「そこで」しなければならないことをし、「物質の世界」にいる間は同じように「その時に」「そこで」しなければならないことをするのです。そうして必要な人に出会い、必要な体験を積み、必要なことを学んで「進化」を遂《と》げるのです。わたし達はこうして「進化」し続け、いつか「精神」だけの存在になることを目指すのです。

わたしの「身体」は「物質」としての由美子さんを恋しがり、わたしの「心」は由美子さんの美しい「心」、優しい「心」、強い「心」を懐《なつ》かしみます。そして、それを失ったことを悲しみ、嘆《なげ》きます。けれど、わたしの「精神」は違います。わたしの「精神」は、由美子さんの「精神」が永遠に存在するということを知っています。そして、わたしの「精神」は由美子さんの「精神」と共にいて、それを畏《おそ》れ、敬い、歓《よろこ》んでいるのです。

「精神」の世界から「この世」に下ってきてまだ間もない子ども達は、「精神の世界」をとても身近に感じています。「精神の世界」と強い繋（つな）がりを保っています。ですから杏奈ちゃんは、「精神」の存在になった由美子先生を身近に感じるのですね。

「身体」を持っているわたし達が、由美子さんを恋しく思い、由美子さんに会いたい、由美子さんの声を聞きたい、由美子さんと一緒に仕事をしたい、と望むのは当然のことです。わたし達の「心」が由美子さんを懐《なつ》かしみ、由美子さんの温かさを、由美子さんの強さを、由美子さんの厳しさを、もう一度感じたいと願うのです。「心」が欲することを躊躇《ちゅうちょ》したり、恥ずかしがったり、無視することはしないほうがいいのです。なぜって、あなたの「心」がそれを望んでいるのですから…わたしの「心」が欲しているんですから…。それを大切にいたしましょう。

わたしは由美子さんを失った悲しみを十分に悲しみ、十分に嘆き、愛する由美子さんを懐かしむ心を大切にしようと思います。わたしはわたしの「心」が必要としていることに目をつぶらず、「心」の欲することに従いたいと思います。けれど、そうした後は、いつまでも悲しみに溺《おぼ》れず、嘆きに身を委せず、懐かしさに囚《とら》われることなく、わたしの「精神」の囁（ささや）きに耳を傾けようと思います。

わたしの「精神」は、「身体」と「生命体」から自由に解き放たれた由美子さんが、必要な時間をかけて「感情体」からも自由になり、やがて「精神」の存在になることを知っています。そして、その時、わたしは由美子さんの「精神」と共に生きることができるのだ、ということも知っているのです。

## 摩耶《まや》ちゃんと亮太《りょうた》くんのこと

摩耶ちゃんと亮太君はお母さんが大好きでした。二人はいつも、いつもお母さんと一緒にいました。とくに三歳の亮太君は、お母さんがいないと…日も夜もない…ほどの「お母さんっ子」でした。少しの間でも、お母さんの姿が見えないと「おかあさん」「おかあさん」と、大きな声で呼び、探していました。それでもお母さんの姿が現れないと、泣きじゃくり、泣き叫び…お母さんの姿が見えるまで、求め続けていたのでした。

それなのに、お母さんが事故に遭《あ》ってから、一度もお母さんに抱かれることも、お母さんと話すことも、お母さんと寝ることもできない亮太君は、ただの一度もお母さんを恋しがって泣きません。「おかあさん！」と呼ぶことすらしないのです。

摩耶ちゃんもそうです。摩耶ちゃんはお母さんと一緒に車に乗っていて、事故に遭《あ》いました。不思議なことに、後部座席のチャイルドシートに乗っていた摩耶ちゃんは、シートベルトを締《し》めていなかったにも関わらず、かすり傷すら負いませんでした。通りがかった人が摩耶ちゃんを見つけた時、摩耶ちゃんは一人、「おかあさん、おかあさん」と呼びながらトランクルームで激しく泣いていたそうです。追突された時にチャイルドシートからほおり出されたのか、それとも対向車と衝突したショックでトランクルームに飛ばされたのか、だれにも分かりません。でも、それ以来、摩耶ちゃんは一度もお母さんを恋しがって泣かないのです。

みんなが「不思議だ」と言います。「あんなにお母さんっ子だった二人が、ちっともお母さんを恋しがらないなんて…」「子ども心にみんな分かっていて、口に出さないのかしら?」と言う人もいます。

でも、わたしはこう思うんですよ。亮太君と摩耶ちゃんには、お母さんがいるということがちゃんと分かっているのだ、って…。由美子さんが「身体」を持って、彼等のそばにいた時と同じように、いつも二人のそばにいるお母さんを、亮太君と摩耶ちゃんは感じているのです。今でも二人はお母さんと一緒にいるのです。いつでもお母さんと一緒に話をし、笑い、散歩し、絵を描き、畑で仕事し、ごはんを食べ、お風呂に入っているのです。彼らにとっては事故に遭《あ》う前と何も変わっていないのです。

そうじゃなかったら、亮太君はお母さんに会いたくて会いたくて、泣き続けるでしょう。摩耶ちゃんもお母さんを恋しがって呼ぶでしょう。けれど、二人はとても落ち着いているのですよ。おばあちゃんが作るお弁当を持って、毎日『こどもの園』に行きます。そして、このみ先生と隆子先生のお手伝いをし、お話を聞き、絵を描き、パン種をこね、パンを焼き、スープに入れる野菜を刻み、外でどろんこ遊びをし、歌を歌い、ライゲンをして幸せに過ごしているのです。

亮太君と摩耶ちゃんには見えるのです。聞こえるのです。感じるのです…お母さんの姿が、お母さんの声が…。

おばあちゃんは、夕方薄暗くなると、どの星よりも早く瞬（またた）き始め、明け方には、他の星が薄明かりの中に消えてしまった後にも瞬いている金星を指さして、「おかあさんの星よ。おかあさんは星になってあそこにいるのよ。そして、摩耶ちゃんをいつでも見守っていてくれるのよ」と、摩耶ちゃんに話していました。摩耶ちゃんは、晴れた夜にはいつでも「お母さんの星」を探しています。

## 由美子さんへ、わたしが告別式で話したこと

由美子さん、あなたが事故に遭《あ》われてから、一週間が経ちました。この間あまりに多くのことを思い、多くのことを考えていたので、わたしにはまるで一年も過ぎたように思えます。

「由美子さんが事故に遭って、大変な怪我をした」と聞いたあの衝撃の一瞬から、まだ、一週間しか経っていないなんて、信じられません。それほど、わたしはあなたによって感じ、考える機会をもらいました。いいえ、わたしだけではありません。あなたの周囲の多くの人が「人が生きること、そして死ぬこと」について深く、そして存在のすべてをかけて感じ、考えました。

あなたはそれを、みんな分かっていたのでしょう？　今度のことは、わたし達に感じ、考えさせることも、あなたの一つの目的だったのだろうと、わたしには思えるのですよ。

由美子さん、あなたはすごい人です。こんなに大勢の人に、こんなにすごい経験をさせたのですから…。「人が生き、人が死ぬこと」がどれほど尊いことであるか、どれほど厳（おごそ）かなことであるか…あなたは身を以て、わたし達に教えてくれました。

由美子さん、あなたは決めていたのですね。あんなに強い意志を持ったあなたが、あなたの人生にとって、もっとも重要なことの一つである「死」を運命に委せる、などということを、あなたがするなんて到底考えられません。

それでも、あなたが事故に遭った日、そして、手術を受ける夜まで、わたしは…あなたが元気で戻ってくる…と信じていたのですよ。あなたには余程大きな目的があって、これほど大変な事故に遭うこと

をあなた自身が決めたのだ、とわたしは考えていました。そして、この事故を経験することで、あなたと、そして、あなたと共に生きているわたし達は、大切なことを学ばなければならないのだ、と考えていました。あなたを含めたわたし達みんなが「精神の進化」を遂げなければならないのだ…と考えていたのです。

そして、こうまでして、自らの、そして共に生きているわたし達の「精神の進化」を促そうとしているあなたに、わたしは心から畏敬《いけい》の念を感じ、心から感謝を捧《ささ》げたのでした。わたしはいつにも増して、あなたに深い深い愛を感じたのですよ。

あなたは最近、ずーっと身体の不調に苦しんでいましたね。「頭痛がして、眩暈《めまい》がして、肩が凝《こ》って…苦しい」…普段、滅多《めった》なことでは弱気なことばを吐《は》かないあなたが、一度、そう言ってわたしの胸にくずれるように倒れ込んだことがありました。どんなにか苦しかったのでしょう。医者にかかるのがあんなに嫌いだったあなたが、観念して診療を受け始めました。「ちっともよくならないの」…「その後、どう？」って聞くわたしに、浮かない顔をしてあなたはそう答えました。「無理しなくてもいいのよ。わたしが代わりに授業をするから、苦しかったら休んでいいのよ」と言っても、あなたは頑張って、授業を休もうとはしませんでしたね。「学校はだいじょうぶ。楽しいから…」そう、わたしには言っていましたが、剛さんに聞くと、「『あなた、代わりに授業をしてきて！』なんて、無茶苦茶言うんですよ」と、話してくれたことがありました。

由美子さん、元気になるために、あなたは「効く」と言われたことを、何でもしたんじゃありませんか？「早く元気になりたい！」「どこもかしこも治ってすっきりしたい！」「そのためならどんなことでもするわ！」…そう、言っていましたものねえ。九州まで足を伸ばして治療を受けて…。それでも、健康を取り戻せないで苦しんでいたあなたを見ていたので、「一度に全部引き受けて、あとはすっきり健康に過ごせるようにしよう！」…気短（きみじか）なあなたは、そう決めたのだとわたしは思っていたのです。そして、事故に遭《あ》うことを計画したのだと…。

…こんなに酷（ひど）い怪我《けが》をしてしまって…、リハビリに長い時間がかかるかも知れないけれど、由美子さんはきっと乗り越えるわ。そして、由美子さんは生まれ変わったように元気になって、今生《こんじょう》での使命を果たすのだわ…由美子さんらしい思い切ったやり方だこと！…そう！　わたしはそう確信していたのです。

その確信が揺《ゆ》らいだのは、「由美子さんはもう脳死の状態だと、医者が言っています」と、病院に交代で詰《つ》めていた「ひびきの村」のスタッフから電話を受けた時でした。「そんなはずはない！　これを乗り越えて元気で戻ってくるって、由美子さんは決めていたはずなのに…」確かめなくちゃ…と、わたしは思いました。戻ってくると信じていたのは、わたしの思い違いなの？　もう逝《い》ってしまうって、あなたが決めたの？　本当なの？　由美子さん…そうしてわたしは病院に駆けつけ、あなたのベットの傍（かたわ）らに立ちました。

由美子さん、あなたの顔を見たその一瞬、わたしはあなたが決めたのだ、ということを悟《さと》りました。事故に遭《あ》ってから手術を受ける前、そして手術を受けた後…苦痛と苦渋に満ちたあなたをわたしはずっと見続けていました。けれど、その時のあなたの顔の表情はまるで違っていたのです。あなたは静かで、穏やかで、平和で、慈愛に満ちた顔をしていました。観音菩薩《かんのんぼさつ》そのままの顔でした。素晴らしい顔でした。

「ああ、あなたは決めたのね」…わたしはそう話しかけました。すると、あなたはにっこり微笑みました。

「そうなのよ、祐子さん。わたしは決めたの」

あなたの素晴らしい笑顔は、わたしにそう語っていました。わたしは溢《あふ》れる涙を抑《おさ》えることができませんでした。後から後から涙が湧《わ》き出てきました。わたしははじめて泣きました。あなたが事故に遭《あ》ってから、わたしは一度も泣かずにいたのに…。あなたは必ず戻ってくる、って信じていたから…。

でも、わたしはあなたと別れることが悲しくて、辛くて泣いたのではないのです。あなたがあまりにも気高くて、神々しくて、厳（おごそ）かで…その美しさ、潔(いさぎよ)さ、清々(すがすが)しさに打たれて、わたしは泣き続けたのでした。

「偉いわね、由美子さん、あなたは本当に偉いわね」

わたしは思わず口に出して言っていました。

「祐子さん、当たり前でしょう。わたしの人生ですもの、わたしが決めなくてだれが決めるの？ 偉くもなんともないわ」

「そうね、あなたの言うとおりだわ。けれど、生まれる前に決めていたことでも、一度身体をもって物質の世界に生き始めると、執着する心に縛《しば》られてなかなか諦《あきら》められない人もいるわ」

「そのとおりね。わたしもこの三日間、残してゆくものから執着を絶つために苦しんだのよ。でも、もうだいじょうぶ。心がすっかり決まったから」

「本当！ あなたすっきりした顔しているわ。とってもきれい！ 観音菩薩のようよ」

「うふふ、ありがとう。祐子さん、摩耶と亮太をよろしくね。剛さんも…」

「分かったわ、安心して。だいじょうぶ、みんなで育てるから…。こんな計画だったから、あなたはここに来たんでしょう？『ひびきの村』だったら亮太君と摩耶ちゃんをわたし達に預けられる、そう思ったからここへ来たんでしょう？ みんなでしっかり育てるからね。安心してね」

「ありがとう、お願いします」

そう言って、それから、あなたは二度と口を開きませんでした。観音菩薩の半月のような両目と、艶《つや》やかな唇《くちびる》をしっかり閉じて…、あなたはあちらに行くための準備を始めたのですね。

その時、「人間の本性は神である」という声が、わたしの内で響き渡りました。それは、今まで聞いたことがないほど厳《おごそ》かで凛(りん)とした声でした。

もう思うことは何もありませんでした。考えることもありませんでした。…これが由美子さんの意志であるなら、由美子さんが決めたことであるなら、わたしは喜んで受け入れよう…そう、わたしも決めたのです。

由美子さん、あなたは今、身体という拘束《こうそく》から解き放たれて、どこにでも自由に行けるのですね。だれにでも会えるのですね。なんと素晴らしいことでしょう！

あなたの笑顔が見られない、と言って泣くのは、わたしの悲しみであり、あなたの悲しみではないのですね。あなたの声が聞きたいと言って、恋しく思うのは、ただただわたしの嘆《なげ》きであって、あなたの嘆きではないのですね。

…人間の本性は神である…という真理が、本当にわたしの認識になった時、その真理をわたしの「身体」と「心」が真に受け入れることができた時、わたしはあなたの「死」を悲しむことも、嘆くことも、苦しむこともなくなるでしょう。それが、「精神の進化」であるのだと思います。そうであるなら、わたしはいつかそうなりたい！　あなたの「死」を、「精神界」での「誕生」として、心から祝いたい！

その日を目指して、励みます。

由美子さん、この世でもそうであったように、あなたは「精神界」でも、また大きな役目を担《にな》っているのでしょう。あなたがいっぱいの愛情を注いでいた剛さん、亮太君、摩耶ちゃんをここに残してまで果たさなければならない、「精神界」に於《お》けるあなたの使命はどれほど尊《とおと》く、大きなものなのでしょうか。

この混乱する世界に在って、物質としての「身体」を持ち、「心」を持ちながら、わたし達の本性である…「精神」を進化させる…という困難な課題を前にして、もがき、苦しみ、悩み、悲しむわたし達を、あなたは助けたかったのですね、自由な存在になって…。そのために、あなたはこんなに早く逝《い》ってしまったのですね。

由美子さん、ありがとう。本当にありがとう。

あなたの使命が果たされるよう、心から祈ります。そしてまた、わたしは、わたし自身の使命を果たすことができるよう、全力を尽くします。今、地球上に生きているすべての人と共に、「精神の進化を遂げる」ために、わたしは、わたしに具えられたすべての力を使いましょう。

由美子さん、これからも使命を果たしましょうね。そして、また会いましょう。精神の世界で、そして来世でも…。

## 剛さんと話したこと

一昨夜のことです。摩耶ちゃんと亮太君が眠ってから、剛さんが訪ねてきました。

剛さんはとても寂しそうで、悲しそうでした。わたしは少し安心しました。由美子さんが事故に遭ってから告別式が済むまで、剛さんは一度も涙を流さず、一度も弱音も愚痴《ぐち》も吐かず気高く、立派だったのです。

剛さんはずーっと由美子さんのそばにいて由美子さんに話しかけ、励まし、腕をさすり、足をさすり続けていました。剛さんは決して諦《あきら》めませんでした。最後の瞬間まで、由美子さんが戻ってくることを信じていました。七時間半もの長い手術の間中、手術室の前に立って祈り続けていました。

剛さんは本当に、本当に立派でした。人間としての尊厳《そんげん》を保ち続けていました。由美子さんの車に追突した人に対しても、責めることばも、恨《うら》みのことばも吐《は》きませんでした。そして、いつも亮太君と摩耶ちゃんを両腕に抱いていました。

そんな剛さんが、その夜はとても疲れて悲しそうな様子でした。

「剛さん、寂しいわねえ。当たり前だわねえ、由美子さんがいなくなって、寂しいのは当然だわねえ」

「摩耶と亮太は元気なんですけどね…」

「摩耶ちゃんと亮太君は、いつもお母さんと一緒にいるのね。だから、あんなに元気なのね」

「そうですね、そうなんですよね。だから子どもたちは、お母さんがいなくても平気なんですよね」

「そうじゃなかったら、おかしいじゃない？　あんなにお母さんっ子だった二人が、お母さんを全然恋しがらないなんて…」

「本当ですね。二人には分かっているんですよね。お母さんがいつも一緒にいるってことが分かっているんですよね」

「心配することないわね」

「ぼく、はじめ子どもたちにとっても気使っていたんですよ。でも、二人ともすごく元気でね。僕の方がだんだん落ち込んできて…なんや、二人に元気づけられています」

「よかった、剛さん。元気ないのが当たり前なんだから…あまり頑張らないで…。悲しい時はうんと悲しんだらいいじゃない…。悔《くや》しい時は思いっきり悔しがったらいいじゃない…。自然にしてたらいいのよ…ね」

「そうしてます。昨日はなんや悔《くや》しくて悔しくて、車ぶつけた人に電話してしまいました。通夜の晩に来てたらしいんですけど、それっきり顔見せないんですよ」

「来てくれたらいいのにねえ。あちらも大変な思いをしているでしょうけど、剛さんの思いは…だれにも分からないわね。あちらも辛いでしょうけど、自分のしたことはどんなことをしても引き受けなくちゃ…ね」

「由美ちゃんをこんなにしてしまって…僕らの人生をこんなにしてしまって…それで知らんぷりしているなんて…許せません！」

「本当…」

「『保険会社から行くな、と止められていたんで…』なんて言うんですよ。そんな問題じゃないでしょう！　保険のことを話し合おうなんて言ってるんじゃないんですよ。由美ちゃんにちゃんと謝って欲しいんですよ。子ども達に謝《あやま》って欲しいんです。勿論、僕にも…」

「言いたいことがたくさんあるわねえ…」

「どんなことを言っても、どんなことをしても気が済まない！」

「本当ねえ…」

「由美ちゃんのお父さんだって、お母さんだって、言いたいことといっぱいあると思うんです。でも、我慢してるんですよ、あの人達は…」

「一度、三人であちらに行ってみたら？　そして、言いたいこと、みんな言ってきたら？」

「ええ、子ども達には聞かせたくないから…そうしたらいいですね」

「是非、そうしたらいいわ。お母さん、ずーっと我慢しているんですもの。このまま山口のご自宅にお帰りになるんじゃかわいそうだわ。お父さんもね…」

「ええ、そうします」

「お母さん、少しは落ち着かれたかしら?」

「ええ、あの人はすごいですよ。あんなに可愛がっていた由美ちゃんが亡くなって、どんなにしんどいかと思うんですけどねえ…。毎日子ども達のためにごはんを作って、洗濯して、掃除して…。元気にしてるんです。すごい人です」

「本当! わたしだったら寝込んじゃうと思うのに…何にもできないと思うのに…偉いわねえ」

「助かってます。両親が帰ったらどうなるのかなあ…すごく不安です」

「…」

「僕は力無いくせに、今まではどんなときでも空（から）元気出して、平気な振りして乗り切ってきたんですよ。でも、今度ばかりは不安でたまらないんです」

「そうだわねえ。だって、こんな大変なこと初めてですものねえ」

「どうなるのかなあ、自分ひとりで子どもを育てられるのかなあ…」

「剛さん、一人じゃないわよ。わたし達がいるわよ。わたし考えていたのよ、どうしたらみんなで摩耶ちゃんと亮太君を育てられるかしら?…って…」

「ありがとうございます」

「あなたが漁に出ている間に、二人が目を覚まして、誰もいなかったら寂しいでしょうから、だれかに下宿してもらったらどうかしら、って考えていたの。NAAで勉強している人はどうかしらねえ? そして、摩耶ちゃんと亮太くんが幼稚園から帰ってきたら、あなたと一緒にいられるように、家に工房を作って、あなたは午後、家で働くのはどうかしら? 剛さんは作ることが得意だし、上手だから、「えみりーの庭」で売る物を作ってもらったらいいと思っていたのよ」

「由美ちゃんと僕もそんなこと考えていたんですよ。工房を作ろう、って話していたんです。彼女は焼き物を作ればいいし、注文してもらったら、僕が作れる物なら何でも作る…って言ってたんです」

「そうだったの…じゃあ、もう少し落ち着いたら、ちゃんと考えましょうね」

「ここに住んでて、本当に良かったと思っているんですよ。ありがたいことです」

「由美子さんはそれを分かっていて、ここに来たのね?」

「そうですね、だからここに来たんですね」

「わたしね、告別式で話したこと、気になっていたのよ。『これは由美子さんが自分の意志で決めたんだ』っていうこと…普通はとても受け入れがたい考え方ですものねえ。剛さんはともかく、お母さんやお父さんは、とても驚かれたんじゃないかと思って…あんなことを聞いて怒っていらっしゃるかしら?苦しんでいらっしゃるかしら?…って、心配していたの」

「お母さんは、『あんなふうに考えられたら楽になるわね』って言っていましたよ。彼女は1期からずーっと祐子さんの通信講座を読んでいるから、人智学の考え方は理解していると思います」

「頭で理解していても、心が受け入れない、っていうことがあるものね」

「『祐子さんの話を聞けて、よかった』って、言っていましたよ。喜んでいましたよ」

「お母さんは分かっていらっしゃるのね、大丈夫ね。よかった」

「僕はね、祐子さんの話を聞いて、ほっとしたんですよ。そうなんだ、由美ちゃんが決めたことなんだ、って。でも、本当にそう考えていいんだろうか?もし、そうじゃなかったら、どうしよう?由美ちゃんものすごく怒るだろうな、って…。時々不安になるんです」

「そうね、なかなか確信が持てないかもしれないわね。由美子さんに聞けたらいいんだけどね。でも、剛さん、由美子さんは今自分で話すことができないから、いろんなことを通して教えてくれているんだと思うのよ」

「…」

「ねえ、摩耶ちゃんと亮太君があんなに安心して、元気なのは、そのことをいちばん表しているんじゃないかしら?由美子さんが二人にちゃんと分かるように話したのよ、きっと。だから二人はあんなに元気でOKなのよ」

「そうですよねえ、由美ちゃんが不安定だったり、具合が悪い時は、摩耶も亮太もいつも様子がおかしかったんですものねえ。もし、由美ちゃんが今度のことを悲しんで、怒って、悔《くや》しがっていたら、それを二人が感じないはずがありませんよね」

「そうね、今度のことは、二人がいちばん分かっているのね。…自分が望んだことだった、自分が決めたことだった、自分の使命だったのだ…ということを、由美子さんは二人にちゃんと分かるように話したのね。だから、二人ともだいじょうぶなのね」

「そうですよね、そうじゃなければおかしいですよね。二人があんなに平気なのは…お母さんを恋しがらないなんて…そうじゃなければ、おかしいですよね」

「すごいわねえ。由美子さんは摩耶ちゃんと亮太君にちゃんと話していったのね。そして、二人は分かったのね、受け入れたのね」

「そうなんですね。そう考えていいんですね、そうなんですから…」

「わたしはそう確信しているのよ。そして、いつもいつも由美子さんを感じているのよ。今夜だって、彼女、ずーっとわたし達と一緒にいるわ。にこにこして、とっても幸せそうにわたし達の話を聞いているわ」

「そう、くすくす笑っていますね。まったく、勝手なんだから…。勝手に一人で決めちゃって…僕に二人を残して…しょうがない奴ですね」

「それが由美子さんなんだから…」

「本当に…。でも、祐子さんが言ってらしたように、あの人には大きな役目があるんでしょうね。じゃなかったら、こんなに早く逝《い》ってしまうわけがありませんよね。しょうがないですね」

「…」

「ああ、安心しました。本当にほっとしました」

「…」

「よかった…」


剛さんは、摩耶ちゃんと亮太君が眠る家に一人、帰って行きました。

## 由美子先生は天使だった

9月7日、「シュタイナーいずみの学校」で、「坂《ばん》東《どう》由美子先生にお別れする会」が持たれました。

学校中で一番明るい二階の部屋に、美しく染められた絹の布で小さな祭壇を作りました。そして、その上に由美子先生の写真と花を飾りました。

みんなで歌を歌いました。上級生は、由美子先生にお別れのことばを言いました。由美子先生にお別れの好きだったアフリカン・ドラムを叩《たた》きました。高玉浩平君が叩いていた太鼓《たいこ》は、由美子先生がニューヨークから持って帰ったものでした。

ドコドン、ドコドン、ドコドコドコ
ドコドン、ドコドン、ドコドコドコ
ドコドコドコドン、ドコドコドコドン
ドンドコドン、ドコドン、ドコドコドコ
ドコドン、ドコドン、ドコドコドコ……

由美子先生の暖かい心が、部屋いっぱいに満ちていました。由美子先生の高い志が光となって、子ども達の心を貫いていました。由美子先生が永遠に存在することを、そこにいたみんなが確信しました。

今から三五年前、天国でこんなことがありました。神さまが、天に暮らす天使達を集めてこう話されたのです。

「近頃、地上では困ったことが起きている。天にいた時には、清く正しく美しい心を持っていた人間達が、その心を忘れて、いつの間にか争ったり、奪い合ったり、悪口を言い合ったり、戦争をして殺し合うことまでするようになってしまった。このままでは、人間はますます悪くなってしまう。そして、地球は醜《みにく》く荒れ果ててしまうだろう。そうなる前に、なんとかして、人間に、清く正しく美しい心を取り戻させねばならない。

おまえ達の中で、勇敢な者はおらぬか？　人間の姿になり、地球に降りて行って、人間に『清いことを思うこと』『正しい行いをすること』そして、『美しいことばを話すこと』を示すことができる者はおらぬか？」

神さまはそうお訊《たず》ねになりました。その時、一人の天使が手をあげました。そして、

「わたしがまいりましょう」

と言いました。神さまは大変感動しておっしゃいました。

「よくぞ大変な仕事をしようと決めた！　おまえがその役目を果たすことができるために、おまえには地上で素晴らしい家族を与えよう。知恵のある父親と、賢い母親と、勇敢な弟を…。そして、やがておまえが地上を去って天に戻る時のために、おまえの意志を継《つ》ぐ立派な夫と、愛と光に満たされた二人の子どもを与えよう」

「ありがとうございます。きっと役目を果たしてまいります」

天使はそう言って人間の姿になり、天から地上に降りてきました。そして天使は日本の小さな島に生まれ、「由美子」という名を付けられました。

由美子は神さまからいただいた大切な役目を果たすよう、たいそう一生懸命働きました。由美子はどんな時にも、「清い考え」を持つように努力しました。いつでも「正しい行い」をしようと努めました。そして、いつも、誰に対しても「美しいことば」を話しました。それを見て、由美子のまわりで暮らす人達が、いつのまにか「清い考え」を持ち、「正しい行い」をし、「美しいことば」を話すようになりました。

由美子はまた、世界を清らかに、美しい場所にするために、正しく働きました。由美子の行く所はどこも清らかになり、美しい場所に変わってゆきました。それを見ていた由美子のまわりで暮らすみんながそのとおりにしました。すると、人々は争うことがなくなり、奪い合ったり、悪口を言い合ったりすることがなくなったのです。

由美子は、自分の役目が終わりに近づいてきたことを知りました。

ある日、天から神さまのお使いがやってきました。そして、由美子にこう言うのでした。「あなたは立派に役目を果たしました。あとのことは、あなたと同じ心を持った夫と子どもに託《たく》して、天に戻って来るのです」

「そのとおりにいたします」

と、由美子は答えました。

それから由美子は天に戻る準備を始めました。夫には、強い心を残しました。二人の子どもには由美子がいちばん大切にしていた優しい心と、高い志を残しました。そして、由美子のまわりにいるすべての子ども達には、「正しい行い」をする力を、大人達には「美しいことば」を話す力を、そして、地球に暮らすすべての人に「清らかな考え」を残しました。

そうして、地上でのすべての仕事を終えて、由美子は夏のある朝、天に昇って行ったのです。

そうです。この大きな役目を立派に果たしていった天使は、わたし達の由美子先生だったのです。

シュタイナー思想を生きる　わたしが出会った人 2

# 世界を照らすアジアの太陽
## ニコノア・パーラス氏

シュタイナーの提唱した「社会三層構造」を市民運動として実践するフィリピンのニコノア・パーラス氏。死をも覚悟して、世界を変えたいと願い、原発に反対し、デモの先頭に立つ活動家と大村祐子さんがついに出会ったのです。これからのふたりに、わたし達も注目を…。

### ニコノア・パーラスとの出会い

「まるであなたの弟のような人よ。あなた方は絶対に出会わなくちゃいけないわ」

「きっとあなたはいつか、彼と一緒に仕事をするようになるわよ」

「あなたと彼、本当によく似ているわ」

…サクラメントの友人達は、わたしにそう言い続けていました。

「まるでユーコの弟のような人だ」と、友人が言い張る人。「ユーコはいつか彼と一緒に仕事をするわよ」と、友人が確信を持って予言する人。「あなた方が出会ったら、きっと二人の魂《たましい》が喜ぶと思うわ」と、友人が断言する人。…フィリピンに暮らすニコノア・パーラス氏について、わたしが彼と出会う以前から、まわりの人はこんなふうに言い続けていたのです。

友人達が予言していたにも拘《かか》わらず、わたしがニコノアに出会う機会は容易に訪れませんでした。彼がサクラメントに来た時には、わたしが日本に帰っていました。わたしがシカゴに行った時、講演をするために来ていた彼は、一日前に去っていた…ということもありました。こんなふうにすれ違いが重なり、彼に会う機会がないまま、一九九八年夏、わたしはアメリカでの仕事を終えて、日本に戻って来たのです。

一九九八年一一月、ニコノア・パーラス氏を中心とするフィリピンで人智学運動をしているグループがタガタヤ市で国際会議を開きました。「未来を形作る…」（会議のテーマ）ために、世界中から三〇〇人以上もの人がやって来ました。たくさんの友人知人に再会しました。ルドルフ・シュタイナーが提唱した「社会三層構造」の考えをさまざまな形で実践している人達です。自分と自分のまわりの人達だけが、より良い人生をおくるために実践しているのではありません。彼等は世界中の人と共に「精神の進化」を遂げることができる…そのために、「社会三層構造」を市民運動として実践しているのです。

五日間の会議は素晴らしいものでした。…社会のより良い形とはどんなものか、またそれを実現するために、わたし達は「社会三層構造」をどのように理解し、どのように実践したらよいのか…さまざまな視点から考え、話し合われました。「精神の自由」の領域である文化生活を、わたし達はいかに政治と経済に干渉されず、妨げられず、支配されることなく形作り、守り、発展させることができるか…熱のこもった発表と、話し合いが続きました。

主催したニコノアと彼のスタッフは、献身的に働き続けていました。

一日目の朝、全体会議の会場に入ると、ステージの裾《すそ》で、スタッフと話している小柄な中年の男の人の姿が目に入りました。わたしは初めて見るその人を、だれに教えられることもなく、一目（ひとめ）ですぐにニコノア・パーラス氏だと分かりました。真っ白いワイシャツをたくしあげ、ジーンズをはいた小柄な身体から、光と熱が放射されていました。

話を終えて会場を振り返った彼と目が合いました。彼はわたしに向かって真っ直ぐに早足で歩いてきました。そして、少し訛（なまり）のある英語で、「アー・ユー・ユーコ・オオムラ?」と言い、手を差しのべました。「イエス・アイ・アム。アー・ユー・ニコノア・パーラス?」わたし達は固く固く、互いの手を握りました。

…ああ、約束していた人と出会うことができた…と、わたしは心から安堵《あんど》しました。生まれてから五〇年目にして、ようやく出会うことができたのでした。彼と出会い、共に働き、共に「精神の進化」を遂げるために仕事をすることは、わたしが前世から決めていたことでした。

世界中からやって来た人達の中には、…彼と話すこと…彼にアドヴァイスをもらうこと…が目的でやって来た人達が多く、彼らはニコノアをつかまえては話し、質問し続けていました。わたしは彼に近づくこともままなりませんでした。それでも、食事を一緒にとり、休憩時間にコーヒーを啜《すす》りながら、できるかぎり話をしました。

彼は、「ルドルフ・シュタイナー・カレッジでした仕事は、本当に素晴らしいことでしたね。あなたがしたことは、必ず日本の未来を形づくる礎（いしずえ）となりますよ」と言ってくれました。たった三ケ月前まで全力を尽くしていた仕事ではありますが、わたしにとって、シュタイナーカレッジはすでに過去のことでした。世界中から集まった人達の、熱気のこもった現実に即した話し合いを聞いているうちに、わたしの心は、ますます「ひびきの村」の未来、日本の未来、世界の未来の姿に向けられてゆくのでした。

わたしは、『ひびきの村』の未来と、日本の未来の図を描くためにフィリピンにやって来たのでした。そしてまた、世界のさまざまなところで「社会三層構造」を実践している人が描く、世界の未来の図を見たくてやってきたのでした。

サクラメントにいる時、日本に帰ってする仕事が、…やがて社会を変える仕事になる…という予感はありました。そして、わたしはそのための準備を始めていました。アメリカで…人智学運動を社会を変えるための力にしよう…と考えている人達の会にも加わりました。勉強会に出席し、ミーティングにも出ました。話し合ったことはすぐに実践され、いくつもの実りをもたらしました。

シュタイナー教育からシュタイナー思想へ、自己認識から社会三層構造へ…という過程を経て、今、ようやくわたしの内で、シュタイナーの思想を、自分一人の「精神の進化」のためでなく、世界中の人々が共に「精神の進化」の道を歩むための「社会運動」として、実践する時を迎えたのでした。

ニコノアはいつでも輝いていました。彼は大きな声で豪快に笑いました。早口でよく話しました。彼の口から無駄なことばが話されることはありませんでした。彼の話はいつでも深い認識に裏付けされたものであり、長い時間を費やしてなされた実践が、それを力のあるものにしていました。彼の話を聞く時、わたしの内で、いつでも熱い思いが湧《わ》きあがりました。「この人と共に生きたい！　この人と一緒に仕事をしたい。そして、世界をより良い場所につくり変えたい！」と思いました。彼のまわりを取り巻くみんなが、そう強く願っているようでした。

フィリピンから帰って来たわたしの中で、「ひびきの村」で「社会三層構造」を実践することは、確固としたものになりました。「ひびきの村」の未来像は、わたしの内でいよいよ明確になりました。胸が躍《おど》りました。希望が湧きました。光が見えました。

けれど、希望に満たされて歩き始めたわたしと、わたしの仲間が歩く道は、決して平坦な道ではありませんでした。わたし達はたびたび非難されました。そんな時、わたしは、会議中に講演台に両手を置きながら、会場から上がった彼を非難する声に、じっと耳を傾けていたニコノアの姿を思い浮かべました。困難に出会った時、わたしは、会議の運営に対する不満を告げる人に、真っ正面から向き合っていた彼の姿を思いだしていました。中傷を受けた時には、豪快に笑い飛ばしていたニコノアの笑顔が思い出されました。

その後、彼とはたびたびEメールで近況を報告し合いました。フィリピンの会議の中で小さな、けれど力のあるグループが生まれました。会議が終わってそれぞれの場所へ戻ったグループのメンバーは、世界のあらゆる場所からインターネットを使って、さまざまな問題について報告し合い、話し合い、そして、話し合ったことをそれぞれの場所で実践に移しました。

　こうして二年半が経ちました。ニコノアと、彼と同じ志を持つ仲間は、時を変え、場所を移して次々と会議を持ち続けました。フィリピンの会議に出席して以来、顔を出さないわたしに、ニコノアから「会議に参加する費用がないのなら、わたしがなんとかするよ」というEメールが届いたこともありました。心ひかれながらも、よちよち歩きを始めたばかりの「ひびきの村」を、わたしは離れる訳にはいかなかったのです。それに、彼と共に、世界をよりよい場所にするための仕事するには、わたし自身がもっと学び、実践して、力をつけなければなりませんでした。

## ハワイ・太平洋会議

「ひびきの村」は成長しました。若い仲間も成長しました。わたし自身も皆さまとご一緒に学ぶ機会をいただき、多少の力を授（さず）けられたように思います。わたしが留守をしても「ひびきの村」は若いスタッフによって、滞《とどこお》りなく運営されるようにもなりました。わたしは、二年八ヶ月ぶりに、ハワイで行われる会議に出席することにしました。

　事務局から送られてきた書類には、ニコノア・パーラスが講演者の一人として参加することが記されていました。七月二九日、わたしは湿った海風が吹くハワイ島の空港に降り立ちました。迎えの車に乗り込むと、ニコノアがいました。輝く笑顔、発せられる熱、豪快な笑い声、早口で話す訛《なまり》のある英語…ニコノアは二年前と少しも変わっていませんでした。わたし達は再会を心から喜び合いました。

　会議のテーマは「境界にて…」。参加者が一〇〇人足らずのこぢんまり会議でした。午後の分科会は、ニコノアがファシリテーター（気付きを創り出す進行役）をする「人間性を高めるプロセスとしての社会三層構造」を選びました。久しぶりに聞く彼の話は、常に実践に裏付けられ、実に歯切（はぎ）れの良いものでした。

…近年の、さまざまに異なる文化、宗教、政治が持つ境界線を越えて、世界を一体化しようとする（資本主義の）力は、わたし達自身がその自覚があるなしに拘（かか）わらず、わたし達から人間性を奪おうとしています。その結果、わたし達の魂は、個人的にも、社会的にも互いの結びつきを失って、孤独に陥《おちい》ってしまいました。

「社会三層構造」は、この現実に起こっている個人的、また社会的な魂《たましい》の分離を回避する力を持っているとわたしは確信しています。「社会三層構造」こそが、わたし達を長期的な人間性回復への道のりを歩ませ、人間性を退化させる世界一体化の流れに、正面から取り組むことを可能にするものなのです…

ニコノアの話は明快でした。

彼は、参加者一人ひとりに、それぞれが抱えている課題と問題について話すように促しました。そして、わたし達は「社会三層構造」を基に共に考え、話し合いました。彼の深い学びと、多くの実践と、学びと実践によって得た洞察《どうさつ》によって、さまざまな課題と問題の原因が明らかになりました。世界中のあらゆる困難、対立、搾取《さくしゅ》、争いのすべての原因は、わたし達一人ひとりの内にある…エゴイズム…だったのです。わたし達の内にある…自分さえ豊かなら、自分さえ幸せなら、自分さえ健康ならよい…とするエゴイズム。わたしの内にも確かにあります。

すべての課題や問題と正面から向き合う、彼の真《しん》摯《し》な態度に惹《ひ》かれて、その場にいたすべての人が、自分自身のあり方を見据《みす》えようと努力しました。そして、…エゴイズム…に加えて、…わたしだけが正しい、わたしこそは正義漢である…という教条主義が、わたし達の内に巣くっているということも明らかになりました。

彼の表情、彼のすべてのことば、彼の全存在に…真理と認識に対する畏敬《いけい》の念…が見えました。何よりもその事がわたしの心を強く打ちました。

彼は、「ひびきの村」の成長をだれよりも喜んでくれました。わたしの仕事に興味を示し、「シュタイナーに学ぶ通信講座」の話をすると、目を丸くしました。「すごい！　すごい！」と驚きの声をあげました。わたしは、ようやく彼と一緒に仕事ができる日が近づいてきたことを確信しました。是非、共に学んでいる皆さまに彼を紹介したいと思いました。

　わたしは彼を、「世界を照らすアジアの太陽」と呼んでいます。

## ニコノア・パーラス

　わたしは一九五〇年、マニラで生まれました。高級官僚である父と母の間には六人の兄弟と四人の姉妹がいます。両親はわたし達子どもの教育に、もっとも心を砕《くだ》いていました。大勢の子ども達に良い教育を受ける機会を与えることは、彼等自身の犠牲なしにはあり得なかったでしょう。わたしはそんな彼等に心から感謝しています。

　わたしは、フィリピンで所謂（いわゆる）最も優秀であると言われている学校に入りました。国の指導者のほとんどがその学校で学んだ人達です。

　小学生の頃のわたしは、自然の中で遊ぶことが一番好きでした。でも反面、恥ずかしがりやで静かな子どもだったんですよ。物語を聞くこと、読むことも好きでした。わたしが気に入っていた物語は、勇《ゆう》敢《かん》なヒーローが活躍するものでした。キング・アーサーの物語りも大好きでしたね。

　中学生になると運動がとても好きになり、サッカー、野球、バスケットボール、フットボール、短距離走…ありとあらゆる運動をしました。勿論、勉強もしましたよ。同時に、わたしは現実にも目覚めていきました。学校には正直でない先生がいました。子ども達に全く心を向けない先生もいました。自分の好みの生徒だけに目をかける先生もいました。わたしはそんな先生の姿を見ていて、「権威」というものに、疑問を持ち始めました。わたしはよくそんなことを先生に質問しては嫌がられていましたね。

　高校は一〇〇年の歴史を誇《ほこ》る伝統的な学校に行きました。その中でも、わたしは最も成績の良いクラスにいましたが、ここでもわたしは生徒のことを全く考えない校長に反抗して論争し、落第させられました。わたしと一緒にデモをした二〇人の生徒も落第させられました。それは前代未聞のことだったそうです。その出来事を通して、わたしは…正義とは何だろう…と深く考えるようになりました。落第させられて、余分な一年を高校で過ごしましたが、わたしはその時から社会的な活動を始めたのです。

大学では、原子物理学を専攻しようか、農学を専攻しようかと迷いましたが、結局農学を選びました。そのころ、フィリピンの国民の八〇%が農業従事者でしたが、彼等はとても貧しく、生活は悲惨《ひさん》なものでした。一生懸命働きながら、それでも貧しい暮らししかできない彼等を、貧困から救い出したいとわたしは思いました。そして、同時に地球を痛めつけることのない、より良い農業の方法も考え出したいと思ったのです。

その当時から、農薬は大きな問題だと考えていました。当時、そのことに気がついていた人は本当に少なかったのですよ。

わたしが社会について、人々の暮らしについて考え始めたきっかけは、高校時代に参加したクリスチャン・リトリート（宗教的な修行や瞑想《めいそう》のためにとじこもること）に行ったことでした。それは祈ったり、瞑想《めいそう》するだけのリトリートと違って、社会的な問題について考え、話し合うものでした。わたしはそこで一人の指導者と出会い、大きな影響を受けたのです。わたしの目を社会に向けたのは彼でした。

実はわたしが農業に興味を持ったのは、中学生の時でした。自然の中にいるのが好きだったんですね。だれに教えてもらうこともなく、本を読んで研究し、家の裏庭で野菜を作り始めました。いろいろなことを実験しましたよ。長い夏の休みには、自分の農園で働くのにとても忙しくて、友だちのように遊んでいる暇はまったくありませんでした。

そのうち作物も順調に実るようになり、家族が必要とする野菜は、わたしの農園で十分間に合うようになりました。わたしはグリーンサム（緑の親指…その指が触れると、どんな植物も生き生きすると言われている）を持っているんですよ。

時間のある時には、近くの大学の農業講座にも出て勉強しました。普通の大学生より、わたしの方がずっといろいろなことを知っていましたよ。わたしは実際に野菜を育てていましたからねえ。本や机の上だけで勉強している大学生より、野菜のことを知っているのは当たり前でしょう。

大学には入ったけれど、勉強はとてもつまらなかったです。先生が講義することはほとんど知っていましたので、わたしが先生から学ぶことはありませんでした。「大学を止める」と言うわたしを、父はとても心配し、奔走《ほんそう》して、わたしが教授や学長と話し合う機会を作ってくれました。わたしは教授や学長に、「もし、あなた方がわたしの問に答えてくれたら、大学に残ります」と言いました。わたしは真剣でした。本当に知りたかったのです。「何のために大学にいるのか?」と…。予想通り、彼らは、わたしが満足できるような答えを示すことができませんでした

けれど、わたしはそれ以上、父親に悲しい思いをさせたくありませんでしたので、…授業には出なくともよい…という約束を取り付けて、大学に残ることにしたのです。学長や教授はとても複雑な顔をしていましたよ。大学で一番成績の良い学生が、…授業では何も学ぶことがない、だから授業に出ない…と言い張ったのですから…。

それからわたしは、毎日図書館に通いました。一週間授業に出るよりは、一人で一時間勉強する方が、より学ぶことができると実感しました。

振り返ると、それ以来ずっとこれまでの三三年間、わたしは次から次へといつでも自分で課題を見つけ、一人で課題に取り組んできたように思います。

図書館では農業に関係のある本は勿論《もちろん》のこと、興味のある本を次から次へと読みました。終（しま）いには、読みたい本がなくなってしまい、仕方がないので、書棚にある本をアルファベット順に読むことに決めました。そこで、バイオダイナミック農業の本に出会ったのです。

難しかったですねえ。太陽は勿論のこと、植物と恒星《こうせい》、惑星、月との関係、プリパレーション（調合剤）…どれもこれも難しくて分かりませんでした。わたしにとって、「難しい」「分からない」ものに出会った初めての体験でした。勉強したいと思いました。それから、わたしはシュタイナーの本をむさぼるように読みました。もっとも、大学の図書館には

本は数えるほどしかありませんでしたが…。わたしの学位は農業でしたが、わたしが勉強していたのは、ほとんど哲学でした。

わたしは自分で自分のプログラムを作りました。そして、期末試験を受けました。授業には出席しませんでしたが、楽にパスしましたよ。先生達からはずいぶん嫌みを言われました。彼等にとっても屈辱《くつじょく》だったでしょう。特に一人の先生は、いつも意地の悪い問題を出して、わたしをパスさせないようにと躍起（やっき）でした。こんな訳で、わたしは大学に籍を置いてはいましたが、実際はまったくの独学でした。

わたしはこの時「学ぶ」ということ、「自分自身を知る」ということについて、深く考えました。そして、たくさんの哲学書を読みました。結局分かったことは、…仮説を立てること、想像することが思考を促し、思考する始まりである…ということでした。

わたしは大学院に進み、…農業に於けるエネルギー…について研究を始めました。その時、マルコス政権が一二基の原子力発電所を造る計画を立てていることを知りました。実に国の将来を左右する大きな問題です。勿論、農業にも大きな影響を及ぼします。

わたしは直ぐに反対運動を始めました。反対運動のリーダーになったわたしは、当時アメリカで原子力発電所建設の反対運動をしていた同胞に招待されて、アメリカに渡りました。わたしが国を離れると直ぐに、マーシャル法が可決され、わたしに逮捕状が出されたことを知らされました。そうしてわたしは祖国に帰ることができなくなったのです。

そうこうしている間に、原子力発電所に反対する運動は、世界的な規模になってゆきました。わたしは国にいる家族のことを考えて、活動の表には出ませんでした。けれど、ＦＢＩが動き始めたという情報が入りました。今度もアメリカの同局がマーシャル法によって、わたしを共産主義者として逮捕しようとしていたのでした。わたしの仲間達は「表に出たらいい。君が運動家として有名になれば、やすやすと逮捕することができなくなるよ」と助言してくれました。それからわたしはデモを指揮し、デモ隊の先頭に立ち、大勢の人の前で話をするようになりました。

それからしばらくの後、わたしの友人の一人が、末期を迎えようとしていたマルコス政権の閣僚になり、わたしは彼に招かれて帰国することができました。一九八〇年のことでした。

帰ってみると祖国では、巨大な原子力発電所が造られ、スイッチが入れられるばかりになっていました。国会の内ではわたしの友人である閣僚が中心になって動き、外ではわたしが中心になって激しい反対運動を繰《く》り広げ、わたし達はとうとう勝利を収めました。巨大な原子力発電所は使われぬまま、今日に至っています。けれど、それは実に大きな犠牲の上に勝ち得たものでした。その勝利のために、反対派の数百人が逮捕され、拷問《ごうもん》によって殺されたのです。

この時代に、市民運動のうねりが世界のあらゆる所で起こり始めました。そのどれもが一人の人間の衝動から始まったものでした。後に大きな力を持つようになったジェミー・レスキンが始めた運動も、ワシントンにある彼女の小さな事務所から、世界的な規模に広がっていったのです。

こうして活動を始めた世界中の運動家が、原子力発電所の建設に反対するわたし達の運動を支援してくれました。彼等の力は実に大きくありがたいものでした。彼等の助けがなかったら、わたし達は勝利を収めることはできなかったかも知れません。この運動を通じて、わたしは世界中の市民運動家達と親しくなりました。

わたしは貧しい人を助けたいと願って運動してきましたが、それは結局国を助けることになることを、わたしは知りました。

わたしたちは、原子力発電所が稼働し始めることをくい止めることができましたが、問題は次々と起こりました。遺伝子工学、生物工学、振り返ってみると、わたしの前に次々と現れ続けたどの問題も、後に、わたしが「社会三層構造」を実践するための準備をさせてくれたのでした。素晴らしい機会を与えてもらったことを心から感謝しています。

わたしの内的な軌跡《きせき》について話をする時間が少なくなってしまいましたね。わたしの内的な変遷《へんせん》は、いくつかの困難な「境界線」を乗り越えたことと言えると思います。

アメリカに滞在を余儀なくされている間、わたしはイギリスのエマーソン・カレッジに勉強に行きました。そこに三ヶ月滞在している間、わたしは手に入れられるルドルフ・シュタイナーの著書と講演集をすべて読みました。

読み終えた時、わたしは書物を脇に置きました。そして、得た知識をどのような行為に、どのような方法で行うかということを考えました。それは、わたしにとって大きな「境界線」を越えることでもありました。学んだことを、行為に移すためには知恵をしぼり勇気を出して「境界線」を超えなければなりませんでした。

市民運動家として…わたしは目的を遂げるために死ぬことができるか?…という問。その問も大きな「境界線」でした。…世界を変えたいと願うのであったら、死を覚悟しなければならない…と、わたしは決意しました。けれど、それ以上に困難な「境界線」は…自分自身を変える…ことでした。わたし自身を変える困難さに比べたら、世界を変えることは容易(たやす)いことです。けれどもっと危険なことは変わった自分に満足していることです。それこそが最もエゴイスティックなことであり、退《しりぞ》けなければならない「悪」なのです。わたしは世界を変えるために自分自身を変えたのですから…。

人智学はわたし自身を変えることを促してくれました。それによって、わたしは他者との関わりを変えることができました。それが今、わたしの前で、世界を変える無限の可能性を示しています。それがあなたとの出会いをも導いてくれました。

今、世界は強い衝動を持つ人を必要としています。わたしの使命は、彼等を探し出し、助けることです。来年、「ひびきの村」へ行きましょう。そして、「ひびきの村」を、地域の運動から国全体へと広がる運動へ、そして、やがて世界的な運動を繰《く》り広げる市民運動へと成長するように…それを助けるために、わたしは「ひびきの村」へ行きます。

ニコノア・パーラス氏来日、ワークショップの予定。くわしくは、TEL・FAX 0142・21・2684へ。
「ひびきの村」からのお知らせ、P129の通り、2002年1月中旬ひびきの村でワークショップ。

人生を豊かにするためのエクスサイズ

# 「世界に一人しかいないわたし」

日本で人智学運動が始められて、約三〇年が経とうとしています。一人ひとりが自分で世界に向き合い、自分で感じ、考える。そして、自分の手足を使って実践することを人智学は求めています。より良い社会と世界への変革のために、人智学は今、市民活動として、社会運動として注目され始めました。

## 日本の人智学運動の成長

近頃、日本の人智学運動が広く浸透し、またわずかずつではありますが、深く根付いてきているような気がします。

これまで、日本で人智学を学び実践するわたし達の多くは、ルドルフ・シュタイナーの著書を翻訳され、自らも本を書き、講演される、いわゆる権威と呼ばれる先達《せんだつ》に依拠《いきょ》していたように思います。けれど、この近年、人智学を学んでいる人達は、それぞれの使命に従って、それぞれの場で、思い思いの実践を始めるようになりました。

わたし達の活動は権威に促されて「する」のではなく、権威に従って「話す」のではなく、一人ひとりが自分で世界に向き合い、自分で感じ、自分で考える。そして感じ、考えたことを自分の手足を使って実践することを目指しています。こうして、真の意味で自由で自立した人智学運動が、日本のそちこちで展開されるようになりました。

人智学を学び、実践するわたし達は、今、一人ひとりが自らの主人となりました。わたしたちには従う者もなく従わせる者もいません。日本の人智学運動が始まって約三〇年が経ち、ようやく一人ひとりが自分で行く先を見定め、自分の足で歩き始めることができる地点に立つまでに成長したように思えます。

そしてまた、わたしたちは自らの精神の進化を遂げようとするだけではなく、そのことによって共に日本の、世界の精神の進化を遂げることを目指すようにもなりました。いわば、人智学運動を社会をより良く変革する運動となり得るよう、わたし達は望み、実践を始めたのです。そうです。人智学運動は市民運動、社会運動そのものであるのです。

人智学を生きようとするわたし達の運動は、今ようやく緒《ちょ》につきました。すべての人間が、同じ過程を経て成長するように、どんなグループも、どんな組織も、わたし達人間の成長と同じ過程をたどります。わたし達はわたし達の運動の成長の過程を注意深く見、決して急がず、焦《あせ》らず、正しい過程を辿《たど》って育ってゆきたいと考えています。

## わたし達自身の成長の過程

さて、前号九月号で、わたし達はわたし達自身がこの世に生まれた瞬間を思い出そうと努めました。いかがでしたか？　あなたは思い出すことができましたか？

そうですね、その瞬間を覚えている人は大変希《まれ》です。なぜ、わたし達はこの世に生まれたその大切な瞬間を、覚えていないのでしょう？　いいえ、生まれた瞬間どころか、なぜその後の三年くらい、人によっては五年も六年もの間の記憶がないのでしょうか？

わたし達は…人は、自分自身の存在を意識することがない限り、記憶することができない…ということを、シュタイナーの人間観による「人間の成長過程」を学んだ時に認識しました。

自分の存在に気づき、自分の存在を認めることができるのは、わたし達の内に存在する「自我」の働きによるものです。「わたしは、わたし」「わたしと目の前にいる人は違う」という「自我意識」の働きによって、わたし達は自らの存在に気づくのです。

人間の内にはじめて自我意識が芽生えるのは、三歳の頃です。勿論《もちろん》、三歳の子どもが「わたしは、わたし。わたしは世界中の他の人とは違う」と意識するわけではありません。けれど、それ以前は世界とまったく一体だと感じていた子どもが、…自分は自分と違う世界に存在しているのだ…自分と世界は一つではないのだ…と無意識の内に感じるようになるのです。

それ以前の赤ん坊や幼児は、自分と世界とは一つであると感じているのです。自分を含む世界は一つであり、それ以外に世界に存在するものは何一つとしてない…と感じているのです。ですから、赤ん坊や幼児は世界を認識することができません。そして、世界を認識する自分の存在にも気づかないのです。

記憶とは、自分の体験を、後になってから思い出すものです。思い出すということは、いわば、自分を外側から見る作業です。自分を外側から見るためには、「自分が見ている自分」と、「自分を見る自分」が必要です。「自分を見る自分」は、「自分が見ている自分」とは異なる存在です。それは、自分の存在を認識する自分、つまり、自我（意識）と呼ばれるものなのですね。

このように人は生まれたその瞬間から、自我意識を持っているわけではありません。勿論、その萌芽《ほうが》を内に秘めてはいます。けれど、その芽《め》はわたし達が成長するプロセスの中で芽ばえ、育つのです。

わたし達の自我意識は、三歳の頃、わたし達の内ではじめてその芽を出します。その時、その芽生え始めた自我意識が、子ども達に「いや」「だめ」「きらい」、ということばを言わせるのです。三歳の子どもを、わたし達はベビイギャングなどと、呼ぶことがありますが、それは子ども達の中で生まれた自我意識がさせる行為やことばが、わたし達の言うとおりにしない、とか、わたし達のいうことを拒絶する、という態度となって表れてくるのです。

このことは、子どもの成長過程を学ぶ時に、わたし達は繰り返し繰り返し学びましたね。

さて、昨年、わたし達はルドルフ・シュタイナーの深い洞察によって得られた、「人生の七年周期」の考え方を学びました。それによって、わたし達は世界について、人生について、新しい視点を獲得することができました。その視点は、自らの人生は勿論のこと、共に生きるすべての人の人生を肯定することを、わたし達に促しました。

そして、すべての人の人生を肯定することができた時、わたし達は生きることが嬉しく、楽しく思えるようになりました。そして、さまざまな機会に出会うすべての人に感謝し、さまざまな機会に体験するすべてのことに意味を見出すことができるようになりました。

中でもわたし達に力を授けた考え方は、…すべてはわたし自身が選んだことなのだ…ということでした。人生のどんな局面も、どんなできごとも、出会うどんなひとも…わたしが選んだのだ、たとえ、わたしの表層の意識では認識することができなくとも、すべてを選んだのはわたしなのだ…という考え方は、わたし達に新しい視点を与えてくれました。

それはさらに、わたしがこの世に生まれてくる前のことにまで思いを及ばせる力となりました。つまり、…わたしは大きな役割を持って生まれてきた、そして、わたしはその役割を生まれる前に自分で決めてきた…と。

心からそう思えた時、わたし達はこの世のすべての人の人生にその真理が働いている、ということを悟《さと》りました。その時わたし達の内に、わたし達の生きる目標である…自分より他者を大切にし、その他者に帰依する…ことがいずれできるに違いない、という確信が生まれたのです。

わたし達の人生に愛と、光と、熱と、そして、確信を運んでくれたこの…人生を七年周期で捉《とら》える…視点を、わたし達はさらに実践的に学びたいと考えました。そして、シュタイナー教育に学ぶ講座の三年目が始まった九月号で、エクスサイズを始めました。強い確信を持ち続けて生きるために、調和の内に人と共に生きることができるために。そして、自らの人生のこれまで過ごしてきた時間をより豊かにするために、これから迎える時間をより意味深いものにするために、エクスサイズを続けましょう。

## 第一回目の九月号では

生まれた時…その瞬間を思い出すエクスサイズをしました。覚えていない場合には（ほとんどの人が、その瞬間を覚えていないことと思います）、両親に、姉兄に、また親類やあなたを取り巻く親しい人にその時の様子を訊《たず》ねましょう。

生まれた時のあなたの様子はどうでしたか？　大きかったですか？　ぷくぷくしていましたか？　健康でしたか？

あなたが生まれたその時のまわりの様子、社会の有様《ありさま》、世界の状況はどうでしたか？　あなたの家族は？　親類は？　その当時の家族が親しくしていた人達はだれでしたか？

あなたが生まれた日に、著名な方が亡くなっていましたか？　それとも親しい方が亡くなっていたでしょうか？

わたし達は、わたし達が生まれた時をめぐる、実にさまざまなことを知ろうと努力しました。

いかがですか？　あなたが今まで知らなかった、あなたが生まれた時のさまざまなことを知ることができましたか？　家族の様子、まわりの状況、社会で起きたできごと、世界の有様…それらを知って、今あなたの人生は、より輝いて見えるのではありませんか？　あなたの人生が、より趣《おもむき》のあるものになったとは感じませんか？

お友達とご一緒にこのエクスサイズをされた方はいますか？　どうですか？　彼女の、彼の人生の一部を分けてもらったようなありがたい気持がしませんか？　そして、そのことによって、あなたの人生は以前にも増して、より豊かなものになったとお感じになったでしょうか？

そうですね。わたし達が友人と、互いの人生を分かち合えば合うほど、一人ひとりの人生は彩《いろど》りを増し、複雑な陰影に富み、より豊かなものになるのですね。わたし一人では、たった一人きりの人生しか生きることができません。けれど、わたしがわたしの人生を友人に分けた時、受け取った彼女の内で生まれた、あなたの人生に対する理解、共感、感動が愛と熱とを生み出し、それが彼女自身のそして、それを向けられるあなたの人生をもより豊かにするのです。

「人生の七年周期」を共に学び、過ぎ来し方を共に思い出し、今を共に生き、共に未来に思いを馳《は》せる時、わたし達は…自分より他者を大切にし、その他者に帰依《きえ》する…生き方をすることができるようになるのです。それが真実であるということを、わたしの体験はわたしに強く確信させてくれました。

九月号で、わたし達はもう一つのエクスサイズをしました。それは、…人生初めての記憶を辿《たど》る…というものでした。

いかがでしたか？　思い出されましたか？　人によっては、…その頃の思い出が心にいくつか残っていて、そのうちのどれが最初の記憶なのかはっきりしないわ…ということもあるでしょう。いいんですよ、そんなに深刻に考え込まなくても…。いくつかあって、どれが最初の記憶かはっきりしない時には、ぜんぶを最初の思い出としたらいいんです。勿論、あなたがはっきりさせたいのであれば、親しい人に訊《たず》ねることもできるでしょう。

「お父さんと手を繋《つな》いで、満月の光の中を歩いていました。ふたりの影がアスファルトの道にくっきりと映っていました。家に着いてお父さんが門を開（ひら）くと、お母さんが玄関を開けて…すると、家の中の明かりで影が見えなくなってしまいました。それがわたしの初めての記憶です」

「おばあちゃんが危篤《きとく》だ、という報《しら》せがあってから、お母さんは泣き続けていました。お父さんが運転して、お母さんが助手席に乗って、わたしとお姉ちゃんは後の席に座っていました。お父さんが一生懸命お母さんを力づけていました。お母さんの泣きじゃくる声を聞きながら、わたしとお姉ちゃんはずっと黙っていました」

「どうしてか、僕はお母さんに可愛がられていないって感じていました。よその赤ちゃんを優しくあやしているお母さんを見て、僕も赤ちゃんのようにすればお母さんにかわいがってもらえる、って思ったんです。それで、僕はお母さんに向かって『あばあば』と赤ん坊のように訳の分からないことを言いました。すると、お母さんはとなりにいたお姉ちゃんと顔を見合わせて、バカにしたような顔をしました。

僕が言った『あばあば』ということばの響きが今でも耳に残っているんですよ。変ですね」

「家の前の道で三輪車に乗っていました。わたしは一人でした。『わたしばかよねー、おばかさんよねー』という歌を繰《く》り返し繰り返し歌いながら、ぐるぐるぐるぐる三輪車を丸く漕《こ》いでいたのを覚えています」

わたしの友人が話してくれたことです。まだまだたくさんあります。この話を聞いて、わたしはどれほど笑ったことでしょう! 今でも思い出しては一人でクスクス笑っています。

こんな話を聞くと、わたしは友人が愛《いと》おしくてたまらなくなります。以前よりもっともっと好きになります。彼女に少々痛いことを言われても(勿論、わたしの言動が彼女にそう言わせるのです)、髪に赤いリボンを付けて、三輪車に乗りながら『わたしばかよねー、おばかさんよねー』と歌っていた彼女を思い浮かべると『まっ、いいか!』と思えるのです。

彼が真顔でとうとうと理論を並べ立て、わたしの意見を無視することがあっても、お母さんの気を引こうとして一心に、『あばあば、あばあば』と言っていた、ぼっちゃん刈りの彼の姿を想像すると、「言いたいのなら好きなだけ言ったらいいわ」と、余裕も持て、彼の理屈も気楽に聞く気にもなるのです。そして、「どんな時でもあなたを好きよ!」って思うのです。

どうぞ、あなたもパートナーや友人とご一緒にエクスサイズをなさってください。以前にも増してあなた方の互いに向ける思いが深まり、互いに尊び、愛情も友情も固くなるに違いありません。勉強会や、ボランティアのサークル、父母会など、どんな集まりでもこのエクスサイズをおやりくださいな。お互いに理解し合い、認め合い、許し合って、共に学び、進化することが、きっとできますよ。

そうそう、その時一つ、皆さんに確かめていただきたいことがあります。それは、人生で初めての記憶が、身体に関することが多い、ということです。わたしの友人の例をとっても、「月の光と、真っ黒な影」…目ではっきり見たことです。次の友人は、お母さんの泣きじゃくる声と、お母さんを力づけるお父さんの声…耳で聞いたことです。次の彼は、自分が話した『あばあば』ということばが耳に残っていると言っています…これも耳で聞いたことですね。次の彼女はぐるぐる三輪車を乗り回していたこと…動いている身体と、自分の歌声…聞いたことでした。

こんなふうに、ほとんどの人の人生初めての記憶が「身体」にまつわることが多いのです。皆さんはもうお分かりですね。生まれてから七歳くらいまでの間に、わたし達の身体は成長し、基本的な機能が整えられます。わたし達の内に働く力は身体を成長させるために働いています。そして、わたし達は無意識の内にもそれを知っています。ですから、その間にわたし達が体験し、覚えていることは身体にまつわることが多いのですね。

## 七歳から一四歳まで

さて、今月は七歳から一四歳くらいまでの間にあったことを思い出しましょう。

皆さまもご存じのように、生まれてから七年の間に基本的な身体の機能を整えた後、七歳から一四歳くらいまで間、わたし達の内では「感情」が育てられました。

七歳前の記憶は、身体にまつわることが多かったということを、わたし達は確かめました。七歳以降はどうでしょうか。

その頃、わたし達は知覚したことを、イメージで捉えようとしていました。特に、思考力が生まれてくる一二歳以前は、わたし達は、世界をイメージで捉えていたのです。あなたが大好きだった遊びの一つに、「ごっごあそび」はありませんでしたか？「ごっごあそび」は体験したことをイメージして、それを再現する「あそび」ですね。

「お店やさんごっご」「お母さんごっご」「幼稚園ごっご」「運動会ごっご」「盆踊りごっご」「お祭りごっご」「お正月ごっご」…わたしはありとあらゆる「ごっごあそび」が好きでした。学校から帰ってくると、近所の子ども達と日が暮れるまで、毎日々々「ごっごあそび」をしていましたし、休みの日には日長《ひなが》一日していたように思います。

自分が体験した買い物のシーンをイメージして、魚屋さんになったり、あるいは慎重にサンマを選

（よ）っている近所のおばあさんになったり…。時には、忙しく夕ご飯の支度をするお母さんになって子どもを叱《しか》ったり…園庭でお遊戯を教える、憧《あこが》れの大好きな幼稚園の先生になったり…どれもこれも、わたしが体験したことをイメージしたことによって、初めてできたことなのです。

そうして、幼児の時のような現実から離れたファンタジーではなく、わたし達は自分が体験したことをイメージして、それを再現することができるようになりました。わたし達にイメージすることを促す力は何だったのでしょう？　そうですね。この頃、わたし達の内で豊かに育っていた「感情」だったのですね。

あることを体験し、その体験がわたしの心を安らかにし、時にはときめかせ、またある時にはわたしの心に喜び感じさせ、楽しい気持にさせます。それがわたしの心にイメージとして残ったのですね。別な体験は、わたしの心を不安にさせます。また別な体験はわたしを悲嘆《ひたん》にくれさせます、苛立《いらだ》たせます、心をはやらせます、憤《いきどお》らせます。そして、それらはイメージとして残り、そのイメージによってわたしは記憶することができたのです。ですから、その頃の記憶を辿ると、わたし達の内に色、形、動きを持つイメージが浮かびませんか？　それは、体験したことをわたし達の感情が受けとり、イメージを作ったためなのです。

## エクスサイズ　1

エクスサイズをいたしましょう。はじめのエクスサイズは

七歳から一四歳くらいまでの間に、「しなさい」と奨励《しょうれい》されたこと、そして、「してはいけないこと」禁じられたことはありますか？　それは何ですか？だれがあなたにそう言いましたか？

①「これは必ずしなさい」と言われたことはありましたか？　それは何でしたか？
②だれがあなたにそう言いましたか？
③「決してしてはならない」と言われたことはありましたか？　それは何でしたか？
④だれがあなたにそう言いましたか？

⑤ それとも、「これは必ずしなさい」とか、「決してしてはならない」というようなことは、だれに言われたのでもなく、あなたは自然に分かっていたのですか？

⑥ あるいは、「これは必ずしなさい」とか、「決してしてはならない」というようなことは、あなたの意識の中に、まったくありませんでしたか？

思い出してください。きっと、さまざまなイメージ（光景）が、あなたの心に蘇《よみがえ》ってくることと思います。

わたしがこのエクスサイズを初めてした時、「しなさい」と奨励《しょうれい》されたこと、「してはいけないこと」と禁じられたことというのは、…人間として生きるための最も基本的な道徳…のことを指しているのだと思いました。けれど、わたしの心に真っ先に浮かんできたイメージは…学校から帰ってきたわたしが、ランドセルを背負い、制服を着たままお風呂場に向かっている姿なのです。わたしはきれい好きな父親に、毎日学校からから帰ってくると、「足と手を洗いなさい。それから顔を洗ってうがいをしなさい」と言われていました。（父はその頃家業を継いで、家にいたのです）

どんなに他のことを思い出そうとしても、いつでもわたしの心に浮かんでくるのは黒い帽子をかぶり、黒いランドセルを背負い、白い丸襟《えり》の黒い制服を着たおかっぱ頭のわたしが、お風呂場に向かって廊下を歩いている、わたしの姿なのです。

その他にわたしが「しなさい」と言われていたことは…話す時は相手の目を見ること、知っている人にはきちんと挨拶《あいさつ》をすること、食事の前には「いただきます」、終わったら「ごちそうさま」と言うこと、夕方には廊下（ろうか）の雑巾（ぞうきん）がけをすること、食事の後には片づけを手伝うこと…でしょうか。

話をしている相手の目をじーっと見ているわたし。家族には勿論《もちろん》のこと、近所のおじさんおばさん、訪ねてきたお客さまに、きちんと頭を下げて挨拶をしているわたし。食卓で手を合わせ、「いただきます」「ごちそうさま」を言うわたしの姿が見えます。

両手を廊下についてお尻をぴょこんと上げ、長い廊下を雑巾《ぞうきん》がけしているわたし。食器を下げているわたし…あれは本当にわたしだったのでしょうか？あまりにも遠い昔のことで、まるで夢の中のできごとだったようにも思えますが、あれは、確かに七歳、八歳のわたしでした。

この頃に身に付いた道徳観、習慣や癖《くせ》を、わたし達は生涯持ち続けるといいます。顧《かえり》みて、皆さまはいかがですか？

## エクスサイズ　2

① 小学生時代のあなたには、心から憧《あこが》れる人、尊敬する人がいましたか？　それはだれでしたか？

② その人はどんな様子でしたか？　姿、顔を思い出すことができますか？

③ その人はどんなことを話しましたか

④ その人に関して、あなたが強く覚えていることはありますか？　それは何ですか？

この講座の一年目に…小学生の前に立つ先生は「権威」でなければならない…と、わたし達は学びました。「この人についていったら、きっとこの人のようになれるに違いない」「この人の言うことを聞いて、わたしはこの人のような立派な大人になりたい」「この人の言うこと、することはすべて正しい。わたしはこの人に倣《なら》おう」…子ども達が心からそう思う存在…それが権威なのですね。

まだ、思考の力が育っていない子ども達は、…正しいこと、間違っていること、善なること、悪しきこと、卑怯《ひきょう》なこと、潔《いさぎよ》いこと、清いこと、穢《けが》れていること…の判断を下すことができません。子ども達は、彼等が憧れる人、尊敬する人、愛する人、彼等の英雄に倣って判断するのです。子ども達は彼等の権威や英雄に、すべてを委ねるのです。

以前にも書きましたが、この頃、権威や英雄を持ち、その存在にすべてを委ね、捧《ささ》げるという体験をした子どもは、後に「帰依《きえ》する」ことができるようになると言います。「帰依する」ということは、自らを捨てて他者にすべてを預ける、委ねる、捧げるという姿勢です。それはこの頃に育《はぐく》まれるのですね。

あなたにとっての「権威」はだれでしたか？　あなたには英雄がいましたか？

友人がこんなことを話してくれました。

「わたしにとって英雄だった人は、学校に通う道に、毎日立っていた『緑のおじさん』だったわ。日差しの強い日も、風の吹く日も、雨のふる日も…いつでもおじさんはそこに立っていて、わたし達が安全に横断歩道を渡れるように見守っていてくれたわ。いつも怖い顔をしていて、笑った顔を見たことがなかったけれど、『ああ、この人はわたし達を守ってくれているんだ』って、わたしは心から信頼していたの。どんな時にも、しっかり自分の務めを果たしているおじさんが、わたしにとってはとても頼もしく、信頼できる人に思えたのよ。…あなたにとって英雄は誰でしたか？　…って聞かれた時、真っ先に、黄色い旗を持って車を制止し、わたし達を渡してくれたおじさんを思いだしたの」

わたしにとっては母が憧れの人でした。なんでもできる人でした。母の作る料理はどんなものでもおいしかった！　母が掃除をすると、どんな所もピッカピカに光りました。母が洗濯して干したシーツは真っ白でした。母は忙しい合間にわたし達姉妹の服を作ってくれました。わたし達はいつでも母が作ったお揃いの服を着ていました。わたしはそれが自慢でした。白い糸でエッチングが施《ほど》された、真っ黒なビロードのドレス、黄色に咲く大輪のひまわりがアップリケされた、紺色の夏のワンピース、手編みのほかほかのショール…それもこれもわたしの自慢でした。母は美しい声で歌いました。母が描く水彩画は夢のようでした。そして母は美しい人でした。

フレアースカートの裾《すそ》をひらひら翻（ひるがえ）しながら働く母の姿、木綿の普段着の、和服の裾を短く着、たすきを掛けて掃除する母の姿、ピンク色のエプロンをかけて汗を流しながら料理する母の姿…そんな母は、わたしにとって憧れの人であり、英雄でもありました。（ただ、受け継いだ母の「価値観」から脱皮するために、後にわたしは大変な苦悩を強いられることになったのです。このことについては、後にご一緒に考えてください）

翻（ひるがえ）って、父は怖い存在ではありましたが、「権威」ではなかったように思います。そして、学校では「権威」として敬うことができる先生に、わたしはついに出会うことがありませんでした。

## エクスサイズ　3

「わたしはわたし」と気づいた瞬間を思い出してください。それは、あなたが何歳の時でしたか？

「わたしと世界は違うんだ」と感じた瞬間を、あなたは覚えていますか？　多くの人は九歳の頃、そんな体験をしているようです。以前にも学びましたが、三歳の頃に芽生えた自我意識が、九歳の頃になって、またいちだんと強まるのです。そして、それまで自分と一体だと感じていた（勿論、無意識のうちに）両親、特に母親と、わたしたちはこの時訣別（けつべつ）するのです。

これが九歳の危機と呼ばれているものなのです。

何度も書いたことですので、ここでは詳《くわ》しく書きませんが、わたしにも九歳の春にそんな瞬間が訪れました。それはまったく予期しない出来事でした。わたしのまわりの世界が急に明るくくっきりと見え始めました。

それからわたしはあまり外へ出ることがなくなりました。それ以前は学校から帰ってくると、すぐランドセルを放り出して外へ遊びに出掛け、暗くなるまで帰ってきませんでした。近所の友だちと、かけずり回って遊んでいました。ゴム飛び、縄跳(なわと)び、石蹴(け)り、鬼ごっこ、缶蹴(かんけ)り、靴隠(かく)し、かけっこ、自転車乗り…日曜日にはお弁当を持って、荒川の土手まで遠征しました。木の上に家を作って日長《ひなが》一日飽きもせずに遊んでいたものです。

けれど、九歳の春の日の夕方、お豆腐を売りに歩くラッパの音を聞いた時、わたしはいきなり夢から醒(さ)めたような気がしました。そして、あたりを見回すと、わたしのまわりにはわたしとは違う人がいました。父、母、妹、おじいちゃん、おばあちゃん、おじさん、おばさん、そして、先生も友だちも、みんなわたしとは違う存在だと、その時わたしは気がついたのでした。

それからは、学校から帰ってきても、わたしは外に遊びに行くことが少なくなりました。そんなことがわたしの身に起きていることを夢にも知らない近所の友だちは、相変わらず「ゆーちゃん、あそびましょう！」と声を揃《そろ》えて誘いに来ました。わたしはその度に玄関に出ていって「うーん、今日はあそばない」と答えたのでした。するとみんなはとても怪訝（けげん）な顔をして「どうして？」と聞くのです。わたしは答えようがありませんでした。なぜって、わたしにもどうしてなのか分からなかったんですもの！

どうして外に出て行きたくないのか、どうしてみんなと遊ぶのが億劫《おっくう》なのか、どうして家で一人でいたいのか、どうして家族とも話をしたくないのか…わたしにも分かりませんでした。

わたしは本を読み始めました。父のレコードを聴くようになりました。絵を描き、文章を書くようになりました。日記を書き始めたのもその頃です。「人はどうして死ぬのだろう？」と考えました。「わたしはどうしてこの家に生まれてきたのだろう？」とも考えました。「違う家の、違う親のもとに生まれてくれれば良かった」と、両親を疎（うと）む気持も生まれました。

母親と一緒に出歩くことが嫌になりました。すれ違う人が振り返るほど美しい母親が疎（うと）ましく感じられました。

母親に「こうしたら？」「ああしたら？」と言われることに、とても反発を感じるようになったのもその頃です。そして、わたしは決して母親の言うようにはしませんでした。むしろ、わたしは母の言うこととは正反対のことをしたい、しようと思っていました。

こうして、わたしは「人はわたしとは異なる存在である」ということに気づき、「この大きな世界の中で、わたしはたった一人なんだ」ということに不安を覚え、「この先も一人で生きてゆかなければならないのだ」という心細さに押しひしがれそうになっていたのです。

あなたにも、きっとこんな経験がおありでしょう。

こうして、わたしの内で「自我意識」が目覚め、わたしは自分とは異なる世界の存在に気づき始めたのですね。それは、同時にそれまで持っていた世界との一体感を失うことでもありました。大好きな母親が自分とは世界を違ったように感じ、違う考えを持ち、違う行為をする、違った存在なのだ、ということを知ることでもありました。それは、大変な痛みを伴うことでありました。いつも厳しい先生が、間違ったことをすることもあるのだ、ということを知ることでもありました。威張っている父親の話すこととすることが違っている、ということに衝撃を受けることでもありました。

爾来《じらい》、わたしは自分とは異なる世界に対峙《たいじ》し、自分とは異なる世界の存在に気づいた「自分」と対峙しながら生きてきました。今、わたしが「わたしはこう感じるわ」「わたしはそうは考えないの」「わたしはあなたとは違うやり方を試してみるわ」…という時の「わたし」は、九歳の頃、わたしの内に生まれた「自我意識」なのです。

シュタイナー学校の教師をしているアメリカの友人はこんな話をしてくれました。

「夏休みに入ったばかりの暑い日だったわ。わたしは裏庭で花壇の手入れをしていたの。大きなシャベルで土を掘り返していたんだと思う。シャベルを両手で持ち、片足をかけて思いっきり土にグサッとさし込んだのよ。その時だったわ!『わたしがいる!』って感じたの。突然、本当に突然、わたしはそう思ったのよ。『わたしがいる!』ってね。

わたしはすっかり興奮してしまって、シャベルを取り落とし、家に駆《か》け込んだの。そして、母親に向かって叫んだわ。『わたしは薬剤師になって、病気に効く薬をたくさん作るんだわ。そして、病気の人を助けるのよ!』ってね。母親のびっくりした顔が今でも、目に浮かぶわ」

わたしのパートナーはこう話しています。

「四年生になったばかりのある放課後のことだった。友だちと二人で教室に残って、掃除道具を使って遊んでいたんだ。箒(ほうき)を振り回したり、雑巾を抛(ほお)り投げたり…なんであんなことが面白かったのか、後になって考えると分からないんだが…とにかく何だかとっても面白くて、ぼく達は愉快でたまらなかったんだ。そこへ、担任の先生が通りがかり、僕達の笑い声を聞いて教室に入ってきた。掃除道具を使って遊んでいる僕達を見てえらい剣幕《けんまく》で怒り始めたんだ。とっても嫌な声で、嫌な話し方で…でも、それがいけないことだったのなら、叱《しか》られてもしょうがないな、って僕は思っていたんだよ。でも、ぼくがすごく傷ついたのは、僕に向かって一生忘れられないと思うほど嫌な怒り方をしたのに、その先生が僕と一緒に遊んでいた友だちには優しい声音《こわね》で「だめじゃないか」と言っただけだったんだ。しかもニヤニヤしながらね。

嫌だったねえ。猛烈《もうれつ》に嫌だった。『ああ、人って、人によって態度を変えるんだ。僕とは違うんだなあ』って、思ったよ」（そうなんです。彼は今でも、誰に対しても、どんな時でも、態度を変えません）

人によっては、「そんな瞬間があったなんて、まるっきり覚えていない」と言います。「わたし、二六歳で子どもを産んだ時、『ああ、この子はわたしとは違うんだ』と思ったんですけど、いくらなんでもそれじゃあ遅すぎますよねえ」と、恐る恐る話してくれた人もいます。

あなたはいつ、どんなところで、どんなふうに、「わたしは、わたし」と気づきましたか？「わたしは、ほかのだれとも違う存在なのだ」と、強く心に思ったことはいつでしたか？ それはどんなところで体験しましたか？ そばには誰がいましたか？

わたし達は誰でも、世界でたった一人きりの存在です。地球上に六〇億もの人が存在しているのに、わたしはたった一人しかいません。そのたった一人のわたし自身の存在に気づいた大切な瞬間をどうぞ、思い出してください。

その瞬間からわたし達は、常に「わたしはいったい何者なのかしら？」「わたしはなぜここにいるの？」「わたしの使命は何なのでしょう？」「わたしはどうしたらいいの？」「わたしは…」「わたしは…」「わたしは…」と考えてきました。時に、わたしはわたしの感じていることを大切にし、時に、わたしがした行為を悔《く》い、わたしの知覚した世界を疎《うと》ましく思い、わたしが話したことに有頂天になり、わたしの悲しみに押しつぶされ、わたしの怒りに翻弄《ほんろう》され…わたしはわたし自身を生きてきたのです。

わたしがわたしの人生を生き始めたのは、実にその瞬間からだったのですね。

## エクスサイズ　4

あなたが大好きだったことは何ですか？　大好きだった遊び？　大好きだった役割は？


わたしに「人生の七年周期」の洞察を紹介してくれた、リー・スタンジェイデーは、こう話していました。

「その頃あなたが好んでいつでもしていた役割は、あなたの後の人生の基礎になっているはずよ。だから、若い人が職場で自分の役割を見つけられなくて悩んでいたら、『小学生の頃、あなたはどんな遊びが好きだったの？　そして、その遊びの中であなたはどんな役割をしていたの？』って、聞くの。すると、その人は子どもの頃によくしていた役割が、今でも好きだということに気がついてね、『無理してまったく違うことをする必要はないんですね』『自分の好きなことをしていもいいんですよねえ』って言うのよ。

そして、そう気がついた人は、不本意な仕事をしていなくてもいいんだ、止めてもいいんだって思うのね。あるいは、たとえ今心に染《そ》まぬことをしていたとしても、これをやり抜いたら、きっと、わたしの本来の仕事をするチャンスが巡《めぐ》って来るに違いない、と希望を持てるようにもなるのね」


そうなんです！　まったくリーの言うとおりなんです！「人生の七年周期」を学ぶことは、わたし達に生きる希望と勇気を与えてくれるのです。「人生の七年周期」を学ぶことは、わたし達の来し方を分析してあれこれ判断し、悔《く》い、自分を責め、あるいは人を責めるためにするものではないのです。わたし達は「人生の七年周期」を学ぶことによって、自らの使命を悟《さと》り、その使命を遂げるための力と希望と勇気を得ることができるのです。

この項の初めに書きましたように、今、日本ではさまざまな視点からシュタイナーの研究、実践が始められました。「人生の七年周期」もそのひとつです。これを専門に学んだ方々によって最近、日本でも「人生の七年周期」のワークショップが行われていると聞いています。

ワークショップを受けた方々が、生きるための新しい視点を獲得し、それを「精神の進化を遂げる」ための力とすることができますように、そして、その力を共に暮らし、共に働く人達と分かち合い、人智学の持つ力と光と熱と愛が、やがて日本中に広がってゆくことを、心より願っています。

今、その燭光（しょっこう）を垣間（かいま）見て、わたしはとても嬉しく思っているのです。その仕事を始められた方々にエールと感謝を送ります。

皆さまも機会がありましたら、是非、ワークショップを受けられたらいいですね。

# ご一緒に考えましょうQ&A

号を追うごとに、質問の中身がより具体的になってきました。Q&Aでは、主に教育に関するテーマを募集しています。大村さんに「これが聞きたい」と思われる問題を編集部までお寄せください。

**Q&Aのご質問は、FAXか郵送で**

質問をお寄せください。
FAXまたは郵便でお願い致します。
あて先〒101-0054東京都千代田区神田錦町3-21　三錦ビル
ほんの木「大村祐子さん」Q&A係まで。
FAX03-3295-1080
TEL03-3291-5121（編集室）
あなたのお名前、ご住所、電話番号をお書きください。
質問は編集部で100～200字以内にまとめます。原則的に記名で掲載します。（イニシャルも可）

**Q**「ひびきの村」のサマープログラムに参加したいと思いながら、北海道は遠くてなかなか行けません。サマープログラムではどんなことをしているのですか。詳しく教えてください。行ける日がくるまで、楽しみに待っています。

（兵庫県／S・T・さん）

**A** サマープログラムは、「ひびきの村」の活動の中でも、もっとも大きなものの一つです。参加してくださる皆さまの熱意によって、プログラムは年を追うごとに成長し、一年を費やして準備しても間に合わないほど、大きなプログラムになりました。それもこれも毎年、大勢の方々にお手伝いいただいたおかげです。

今年は特に、「こどもの園」と「シュタイナーいずみの学校」の父母が中心になって、ボランティアの方々を組織し、自主的に動いてくださいました。参加された方々に召し上がっていただくおやつやお昼ごはん、託児のプログラムは、彼等の力で実現しました。準備の段階から後かたづけまで…懸命に働く彼等の姿に、わたしはどれほどの畏敬《いけい》の念を感じたことか…。感謝あるのみです。

子ども達も働きました。七年生と八年生は卒業前に予定しているクラス旅行の費用を「ひびきの村」からプレゼントしてもらえることを聞いて、献身的に働きました。そして、先生や「ひびきの村」のスタッフに手助けしてもらいながら、自分達の描いた水彩画を使ってTシャツを作り、皆さんに買っていただきました。

下級生も手伝いました。お母さんが預かっている赤ちゃんをあやしたり、乳母車に乗せて押したり、おやつを一緒に食べたり、ぐずる子にお話をしてあげたり…。一年生の子ども達まで託児のお手伝いをして、すっかりお姉さん、お兄さんになってしまいました。

わたし達は、はじめから調和の内に仕事をはじめることができたわけではありませんでした。「どうしてそんなにまでして手伝わなければならないの?」「押しつけられているようでいやだわ」「夏休みがほとんどつぶれちゃう…」という声も聞かれました。

そう感じるのは、最初の反応として当然のことだとわたしは思いました。そして、そういう思いから抜け出して、共に前に進んで行きたいと願いました。そして、この仕事を「精神の力」に貫かれた、愛と光と熱に満たされたものにしたいと考えたのです。

サマープログラムの準備に忙しい時間を割《さ》いて、わたし達は集まりました。そして、まず、一人ひとりが感じていることを話しました。「こんな大きなプログラムで、わたしはちゃんと働けるんだろうかと不安を感じています」「みんな遠くからたくさんのお金をかけて来るんですよねえ。プロでもないわたしが託児を引き受けてしまっていいんでしょうか?」「お昼ごはんの支度を手伝うことにしたんですけど、もし、中毒でも出たらどうするんですか?だれが責任をとるんですか?」…多かれ少なかれ、初めて経験する人の大半が感じている不安を、わたし達は共有することができました。

「わたしも去年は参加者としてここに来ました。そして、今年の春に、家族みんなで移住してきました。子ども達は「こどもの園」と「いずみの学校」に通って、毎日楽しそうに過ごしています。今年、サマープログラムに参加する人の中にも、わたし達と同じように、伊達に移住することを考えている人もいると思います。わたしは、その人達の相談にのろうと思っているんですよ。あれからたった一年しか経っていないのに、もう、主催する側として働けるなんて…とっても楽しみにしています」「わたしは『ひびきの村』のサマープログラムを三回経験しました。はじめは皆さんと同じように、どうなるんだろうって、とても不安でした。だって、一年目の準備をしている時には、まだ祐子さんがアメリカにいらして、伊達にはプログラムが始まる二日前に帰ってきたんですから…。でも、来てくださった方がみんな喜んでくれて…。『ひびきの村』は、サマープログラムを体験するたびに大きく成長してきたって感じます。そして、働くわたし達も同じように成長してきました。今年の夏が終わった時、『ひびきの村』とわたし達がどんなふうに成長しているか…とっても楽しみです」

一方でこんな声も聞かれました。肯定的な意見はすべて体験した人が話されたことでした。…経験したことがない…ということが、どれほど人を不安な気持に駆《か》り立て、どれほど尻込みさせ、否定的な態度をとらせるか、ということをわたし達は理解したのでした。そして、体験した人の話がわたし達を勇気づけ、わたし達の前に光を灯《とも》してくれたことにもまた、共に感謝したのでした。

今年、二〇〇一年の『ひびきの村』のサマープログラムには、子どもと大人を合わせて六〇〇人余りの方が参加されました。ボランティアも含めて一〇〇人近い人が働きました。

大きな大きな力です。この力が、熱が、光が、受講者として参加された方、ボランティアとして働いた方々によって、日本中に持ち帰られたのです。その方々によって、日本が変わる日ももう近いことでしょう。

参加されたお父さん、教育の現場で働く先生、プログラムで教えてくださった講師、託児のボランティアをされたお母さん、コーディネーターをした『ひびきの村』のスタッフ…の方々に、それぞれに体験されたことを書いていただきました。この本の次のテーマとして、九八頁にありますので、どうぞ、お読みください。

★サマープログラムに参加して… （P九八〜P一〇八）

**Q** 公立の学校で、どうしたらシュタイナー教育を取り入れることができるでしょうか。文部省は「ゆとり、ゆとり」と言いますが、教えているわたし達にはまったく「ゆとり」なんてありません。公立の学校で教えているわたし達教師の力に、少しでもなるように、具体的に教えていただけませんか。

（東京都／K・S・さん）

**A** 今、子ども達を見ていると、生命の力が弱っていることを強く感じます。その原因はさまざまにあると考えられますが、彼等を取り巻く環境がもっとも子ども達の生命の力を奪っていると言えるのではないでしょうか。

食物は化学肥料、除草剤、殺虫剤に冒《おか》され、その上加工食品にはたくさんの添加物が使われています。衣服はアレルギーを起こす化学製品が多く、住環境は子ども達の感覚を冒《おか》す色、音、匂い…そして、化学的、人工的建材…どれもこれも、子どもの生命の力を損《そこ》なうものばかりです。

環境の悪化はわたし達の力だけで防ぐことができる範囲を遙《はる》かに超えてしまいました。けれど、いえ、だからこそわたし達は怯《ひる》むことなく、臆《おく》することなく倦《う》まず弛《ゆる》まず、環境を良くするための努力を続けなければなりません。それと同時に、子ども達の生命と力を取り戻すことは、わたし達に課せられた急務なのです。

一度にたくさんのことはできません。今日は生命の大きな力の源であるリズムを子ども達の内に取り戻すことをご一緒に考えましょう。

先日、「ひびきの村」のサマープログラム、「教師のためのシュタイナー教育」に参加された方と電話で話す機会がありました。横浜市の公立の小学校の三年生を担任している彼女は、二学期が始まって、早速、サマープログラムで学んだことを試みているそうです。

彼女も子ども達の生命の力が衰《おとろ》えていることが、とても気になると話していました。その彼女は、新学期が始まると早速、リズミカルな詩を唱えながら、身体を動かすエクスサイズを始めたそうです。が、「子ども達の身体がなかなか動きません。どうしたらいいでしょう?」と困惑していました。

まず、小さいことから始めましょう。身体を動かすことに馴《な》れていない子ども達は、立つことさえ億劫《おっくう》に感じるものです。輪になってぐるぐる歩き回りながら、身体のそちこちを動かすということは、子ども達にとってきっと驚異だったと思いますよ。勿論、喜んで生き生きと動く子どももいるでしょう。「子ども達の半数ですね、動くのは…あとの半数は、輪の中にはいますけど、身体を動かしません」

「じゃあ、まず、小さな動きから始めてみましょうか。それから、子ども達は笑うことが大好きですから、おかしなこともしてみましょうか。たとえば、リズムに合わせて鼻をフンフンする、っていうのはどうかしら?

ふん(とん)ふん(とん)ふん、ふん、ふん
ふん(とん)ふん(とん)ふん、ふん、ふん

注・ふん、は鼻から息を吐く、(とん)は一拍空けるということです。

ふん、と息を吐く時には頭を縦に振るようにしましょう。勢いづいて思わず鼻水を飛ばしてしまう子どももいるかもしれませんね。子ども達は「きったねえなあー」と言いながら、そんなことが楽しくてたまらないかも知れませんよ。両手を腰に当てると、もっとリズムが取りやすくなるかも知れませんね。

次にはもっと複雑なリズムに進みましょう。

ふーん、ふん(とん)、ふーん、ふん(とん)
ふんふんふん(とん)、ふんふんふん(とん)
ふんふんふんふんふんふん

というのは、どうでしょう？　子ども達は笑うでしょうねぇ。、笑うと子ども達の身体も心も次第にほぐれてゆきます。笑う時、人間はもっともリラックスしますものね。このエクスサイズを二、三日続けたら、子ども達はきっともっと複雑なものをしたいと思うことでしょう。口では「つまんない」とか、「なに？　これ！」「したくない！」なんて言っても、彼等の目は「おもしろいから、もっとしようよ！」「今度は少しむずかしいのをやって！」と言っていますよ。彼等のことばや態度に惑わされず、そんなことにめげず、続けてください。

今度は右手と左手の人差し指二本を使いましょうか。

ひとさしゆびと、ひとさしゆびが
橋のたもとで会ったとさ
それっ、とーんとんとん、とーんとん
「あなたはいつもいそがしそうね」
「いえ、あなたこそいそがしそう」
それっ、とーんとんとん、とーんとん
「では、ごめんください、さようなら」
「さようなら、さようなら」
それっ、とーんとんとん、とーんとん

子ども達は「なに、これ？」って、きっと笑うでしょう！　バカにするかも知れません。でもそれでいいんです。いつもいつも賢《かしこ》く、おりこうで、良い子でいるように求められている彼等は時には、意味のない、そしてバカバカしく感じられることをする必要があるのです。とりたてて意味のない、でも、リズムがいっぱい、生命の力がいっぱいに溢《あふ》れていることをする必要が…。

コツは、あなた自身が楽しんですることです。わたしはバカバカしいことをすることが大好きなんですよ！　そして、もっと好きなことはお腹が捩（よじ）れるほど笑うこと！「いずみの学校」の子ども達は、わたしが始終大きな声で、とってもおかしそうに笑うので、あきれています。

さて、こうして一週間も経った頃には、子ども達の身体も心もほぐれて、もっともっと動きたくなっていることでしょう。「まだまだ固いし、動こうとしません」とおっしゃるのでしたら、簡単でおかしなエクスサイズをもっと続けてください。子ども達と一緒にいるのはあなたですから、いつ、子ども達がもっと難しいものに挑戦する用意ができたかということは、あなたが一番お分かりでしょう。

さあ、今度は腰掛けたままで、手と足を使います。両手の平で、交互に机を叩きます。勿論、リズムに合わせて、です！

右手で…とんとんとん、(一拍あける)とんとんとんとん
左手で…とんとんとん、(一拍あける)とんとんとんとん
右手で…とんとんとん、(一拍あける)とんとんとんとん
左手で…とんとんとん、(一拍あける)とんとんとんとん
右手で…とんとんとんとん(間をおかず)左手で…とん
右手で…とんとんとんとん(間をおかず)左手で…とん
右手で…とんとんとんとん(間をおかず)左手で…とん
(間をおかず)右手で…とん

これを繰り返します。次には右手と左手を反対にします。できるようになったら、ことばを付けます。

秋の実　木（こ）の実
ころころ　ころり
さかを
ころころ
おちてゆく

それを　りすが
おいかけるー
どんどこどん
どんどこどん
どんどこどんどこどん

木の実を追いかけて、秋の森の中を子ども達はどこまでもどこまでも走って行くでしょう。

両の手でげんこつを二つ作り、それを上下に、そして左右にこんこんたたいてリズム遊びができます。手のひらを打つこともできます。肩を叩く、手を振る、耳たぶを引っ張る、お尻を振る…。

さあ、立ち上がり円を作って動きましょう！

はじめはひたすら前に進みます。歩く時には、足取りをしっかり、リズムに合わせて、止まる時にはしっかりと止め、一歩一歩床に足の平をしっかりつけて…。リズムのある詩を唱えながら進んでくださいい…。もちろん、詩を唱えるのは最初はあなた一人で…。毎日繰り返し唱えていたら、きっと一人、二人、三人…とあなたと一緒に詩を口ずさむ子どもが増えてきますよ。最後まで、覚えられない子どもがいてもかまいません。その子どもにとっては、リズムに合わせて歩くだけでも大した進歩なんですもの！　それは、あなたがいちばんよく分かっていますでしょう？

まあるい円を保ちながら、（どれだけ円を保つことができたか、子ども達と一緒に時々、チェックしてくださいね）前に歩くことができるようになったら、今度はひたすら後戻りします。以前にも書きましたが、後ろ向きで歩くことは、大きな意志の力を必要とします。身体を自分の意志通りに動かすことができにくい子どもにとって、後ろ向きで歩くことは、とても大きな訓練になります。

そして、後ろ向きに歩きながら美しい円を保つことは、更に難しいということに、子ども達は気がつくでしょう。けれど、子ども達は難しいことに挑戦することが好きです。そして、それは、子ども達にとってとても大切なことなのです。自分の力以上のことに向かって努力する時、子ども達は大きく大きく飛躍するのですね。

さて、子ども達が前にも後にも自由自在に動けるようになったら、いろいろな振りをつけてください。楽しんで、楽しんで…子ども達が「身体を動かすことは楽しいことなんだ」と心から思える日まで…。

五、六年生になると、グループに分けてそれぞれ違うリズムを叩くことができるようになります。クラスを二つのグループ、三つ、四つ…とだんだん多くのグループに分けてゆきます。グループが多くなればなるほど、リズムが美しく重なり、追いかけ、調和し…子ども達の身体に流れる血液のリズム、呼吸のリズムにも心地よく調和されてゆくことでしょう。そして、子ども達はいつのまにか身体も心も健康になるに違いありません。そうしてやがて、大自然に流れるリズム、大宇宙の中を流れるリズムにのって、子ども達の生命は大きく、力強く息づいてゆくのです。

是非、あなたの子ども達と一緒におやりくださいね。

**Q** **2002年度から、文部科学省の指導で、「総合学習の時間」を設けることになりました。この機会に、できることなら是非、シュタイナー学校のカリキュラムを取り入れたいと思います。学年ごとに教えてください。**

**（栃木県／S・S・さん）**

**A** 9月号でもご質問を受け、11月号でお答えするとお約束していました。最近、現場で教えていらっしゃる先生方から、ご質問を受けることが多くなりました。なんとか力を合わせて、子ども達が必要としていることをしてゆきたいですね。

シュタイナー学校のカリキュラムについて学ぶためには、子どもの成長の過程を観察し、それを自分の認識にすることがまず必要です。それに関しては、素晴らしい本がたくさん発行されています。是非、お読みください。このブックレットでも、近い内に特集したいと考えています。（先月から待っていてくださった合田百合子さん、もう少しお待ちくださいますか？）

次のページに、一年生から八年生までの時間割を簡単に記します。大体の学年のカリキュラムをつかんでいただけると思います。ご参考になさってください。これは、「ひびきの村　シュタイナー学校の模擬授業」（二〇〇一年六月「ほんの木」より発売）214～215頁に掲載したものと同じです。ちなみに、この本には、前後に「こどもの園」の一週間分と「いずみの学校」の授業と運営、行事についての説明もありますので、くわしくは、そちらをご覧いただければと思います。そして、また、ご質問がありましたら、ご連絡ください。

シュタイナーいずみの学校　全日制

# 2001年度　1学期（5／7～7／27）時間割

≪1・2年生≫

| 時間 | 月 | 火 | 水 | 木 | 金 |
|---|---|---|---|---|---|
| (1)　8:30—10:15 | メインレッスン（算数、国語、理科、社会） | | | | |
| 10:15—10:35 | 休み時間 | | | | |
| (2)　10:35—11:20 | オイリュトミー | 音楽 | 芸術表現 | オイリュトミー | 水彩画 |
| (3)　11:25—12:10 | ゲーム(1年)<br>リコーダー(2年) | 手芸 | 英語 | ゲーム(1年)<br>リコーダー(2年) | 英語 |
| 12:10—13:10 | 昼休み | | | | |
| (4)　13:10—13:55 | クラフト | 体育 | 園芸 | クラフト | 体育 |
| (5)　14:00—14:45 | 読み聞かせ | 線描画・蜜ろう粘土 | 園芸 | 読み聞かせ | 全校集会 |
| 14:45—15:00 | 掃除・帰りの会 | | | | |
| 15:30—16:30 | | クラブ活動 | | | |

＊1学期の午後の授業は、2年生のみです。1年生は12:10まででです。昼食前に帰ります。
＊2年生のリコーダーと体育は3年生と合同クラスです。

≪3・4年生≫

| 時間 | 月 | 火 | 水 | 木 | 金 |
|---|---|---|---|---|---|
| (1)　8:30—10:15 | メインレッスン（算数、国語、理科、社会） | | | | |
| 10:15—10:35 | 休み時間 | | | | |
| (2)　10:35—11:20 | 芸術表現 | 英語 | 音楽 | 芸術表現 | 英語 |
| (3)　11:25—12:10 | リコーダー<br>ヴァイオリン(4年) | オイリュトミー | 水彩画 | リコーダー<br>ヴァイオリン(4年) | オイリュトミー |
| 12:10—13:10 | 昼休み | | | | |
| (4)　13:10—13:55 | 読書・作文(3年)<br>体育(4年) | 体育(3年)<br>読書・作文(4年) | 園芸 | 読書・作文(3年)<br>体育(4年) | 体育(3年)<br>読書・作文(4年) |
| (5)　14:00—14:45 | 手芸 | 蜜ろう粘土 | 園芸 | 手芸 | 全校集会 |
| 14:45—15:00 | 掃除・帰りの会 | | | | |
| 15:30—16:30 | | クラブ活動 | | | |

＊3年生と4年生が別クラスの授業：リコーダー、体育、読書・作文。（リコーダーと体育は2・3年生が合同、4・5・6年生が合同クラスです）。

## ≪5・6年生≫

| 時間 | 月 | 火 | 水 | 木 | 金 |
|---|---|---|---|---|---|
| (1) 8:30―10:15 | メインレッスン(算数、国語、理科、社会) | | | | |
| 10:15―10:35 | 休み時間 | | | | |
| (2) 10:35―11:20 | 芸術表現 | オイリュトミー | 水彩画 | 芸術表現 | オイリュトミー |
| (3) 11:25―12:10 | ヴァイオリン・リコーダー 特別授業 | ．粘土 | 音楽 | ヴァイオリン・リコーダー 特別授業 | 読書・作文 |
| 12:10―13:10 | 昼休み | | | | |
| (4) 13:10―13:55 | 体育 | 手芸 | 園芸 | 体育 | 書道 |
| (5) 14:00―14:45 | 英語 | 手芸・特別授業 | 園芸 | 英語 | 全校集会 |
| 14:45―15:00 | 掃除・帰りの会 | | | | |
| 15:30―16:30 | | クラブ活動 | | | |

＊ヴァイオリン(4年生以上)は、一コマの時間を半分ずつ使って、初心者と経験者の2クラスに分けます。半分の時間はリコーダー。
＊ヴァイオリン、リコーダー、体育は、4・5・6年生合同クラスの授業。

## ≪7・8年生≫

| 時間 | 月 | 火 | 水 | 木 | 金 |
|---|---|---|---|---|---|
| (1) 8:30―10:15 | メインレッスン(算数、国語、理科、社会) | | | | |
| 10:15―10:35 | 休み時間 | | | | |
| (2) 10:35―11:20 | 水彩画 | 粘土 | 芸術表現 | 線描画・水彩画 | 書道 |
| (3) 11:25―12:10 | オイリュトミー | 音楽 | ヴァイオリン・リコーダー | オイリュトミー | ヴァイオリン・リコーダー |
| 12:10―13:10 | 昼休み | | | | |
| (4) 13:10―13:55 | 英語 | 手芸 | 園芸 | 英語 | 読書・作文 |
| (5) 14:00―14:45 | 体育 | 手芸 | 園芸 | 体育 | 全校集会 |
| 14:45―15:00 | 掃除・帰りの会 | | | | |
| 15:30―16:30 | | クラブ活動 | | | |

＊ヴァイオリン(4年生以上)は、一コマの時間を半分ずつ使って、初心者と経験者の2クラスに分けます。半分の時間はリコーダー。
[その他各学年共通]
＊金曜日は大掃除です。全校集会が14:35まで、大掃除が15:20まで、帰りの会が15:30までです。
＊2年生以上は、火曜日の放課後にクラブ活動があります。15:00から移動して15:30から16:30までです。

# 特集 2001夏
# 「ひびきの村」
# サマープログラムに参加して

Q&Aの読者の方のご質問から、このコーナーを用意しました。
題して『ひびきの村』サマープログラム…。「特集2001年」です。
参加者の声、スタッフの印象、そして「石原純先生」の感想も。
ご承知のように、石原さんは東京シュタイナーシューレの先生です。

## 2001年 ひびきの村サマープログラムに参加して　小林久美子

去年に引き続き今年もサマープログラムに参加させていただきました。参加を決めた理由は、3つあります。1つ目は大村祐子さんにもう一度お会いしたかったこと。2つ目は今、目の前にいる子ども達に本当に必要なことは何なのかを確かめたかったこと（現在公立小学校の教師をしています。）3つ目は、自分の子ども達にもう一度あの空間を味わわせたかったことです。

最初の講義で祐子さんは「今回のサマープログラムでは教育の自由を手に入れるために私達にできることは何かを一緒に考えていきましょう。」と話されました。そして「教育とは、一人の人間である教師が自分の世界観を人間観を子どもに伝えることであり、また、親が自分の子どもの教育を自分の信頼する人に任せるものであるはずです。にもかかわらず、現実には教師は文部科学省のいう理想像（あるのか疑問）をもとに子どもの教育を行わなければならず、親も子どもの教育を自分で選ぶことができません。このことは精神の自由を法が支配していることであります。また、お金があるなしで教育が受けられる受けられないを決められることは精神の自由を経済が支配しているということです。つまり社会3層構造が実現されていないことに大きな問題があります。」と話されました。

今私は教育の現場で日々さまざまな不自由さを感じています。しかし、その不自由さを法や経済の問題と結び付けて考えたことはありませんでした。ですから日々感じている不自由さの根本原因が社会3層構造が成立していないことにあると聞き、そうだったのかと思いはしましたが同時に、今の私にはその問題をどうすることもできないとも感じました。公立の小学校での学習活動はすべて文部科学省から出される学習指導要領にしたがって行われています。たとえば、漢字であれば1年生で約80字、2年生で約160字、3年生で約200字というように小学校6年間で子ども達は約1000字もの漢字を何のつながりもなく、教科書に出てきた順に教え込まれます。個人的に、さんずいへんのついた漢字を水に関係あるという意味からまとめて指導したとしたら、それ自体は悪いことではないのですが本来その学年で習うはずの漢字の学習が十分にできないことになり、結局学年がひとつ上がり困るのは子ども達ということになります。シュタイナー学校のように8年間も同じ教師が担任することはなく、長くても持ち上がりで2年間ぐらいです。しかも、担任が決まるのは4月1日、それまで自分が何年生の担任になるのかは分からないのが現状です。教育の中心に子どもの発達段階があるのではなく、各教科の学年ごとの指導内容が教育の中心に位置付けられています。矛盾をたくさん孕《はら》んだ学習指導要領ですが、それを否定して私独自のやり方で私個人の世界観や人間観を子ども達に伝えることは公立の学校の中では、また新たな問題を生むことにもなります。

　教育の現場にはさまざまな問題があります。でも、シュタイナーの思想を勉強する中で、ないものねだりをしたり、今自分がいる学校や社会のことを否定的に捉えたりはしたくないなと思っています。去年のプログラムの最後に祐子さんがおっしゃった「自分の今いるところからはじめましょう」の言葉が私の支えにもなっているからです。

　祐子さんがプログラムのテーマを「教育の自由を手に入れるために」と決められたことや、去年は「親と教師のためのプログラム」だったのに今回は親とは別に「教師のためのプログラム」を作られたこと、さらに祐子さんご自身が全てのメインレッスンを受け持たれること、そして何より私達教師に向かって語られる祐子さんの言葉から祐子さんがどれほど今の教育を憂い、悲しみ、嘆いておられるか、そして、教育こそ私達が今すぐ取り掛からなければならない最大の問題であると考えておられるということが痛いほど分かりました。同時にこのサマープログラムの中で、ご自身が認識されておられることをできる限りの力を尽くして私達に伝えようとされていることも強く感じられました。私はその想いに答えたいと思いました。

　次の日から、メインレッスンが始まりました。教室の入り口で扉が開くのを並んで待ちます。どんな授業が始まるのかわくわくしながら待ちました。祐子先生と会えるのも楽しみで、私のことを覚えていてくださるといいなあとよくばりな想いが心をよぎっていました。いずみの学校の子ども達もそれぞれいろんな思いを持ってこの朝の時間を過ごすのでしょうね。

　小さな鈴が鳴り、扉が開きました。祐子先生は私の名を呼び、目を合わせ両手でやさしく握手をしてくださいました。「また、お会いできましたね」の一言がとってもうれしかったです。麗《れい》先生とも名前を呼び合い握手をしました。麗先生の手からこの一瞬を大切に思って下さっていることが感じられました。

　1時間目は、1年生国語の授業です。でも授業はすぐには始まらず、先生とやさしいメロディにのせたあいさつを交わし、前日に渡された低学年の朝のバース（詩）をみんなで静かに唱えました。この「詩を唱える」ということはとても大切にされているようでした。「言葉の意味を考えるのではなく、言葉が持つ力が感じられたらいい。言葉が持つ音《おん》が力を持つのです。」と祐子先生は話されました。今まで「音が力を持つ」体験はオイリュトミーの中で感じることがありました。でも、日々の授業の中で取り上げる詩では音よりも意味を重視し、内容解釈が学習の中心になっていました。「言葉のもつ音の力」を信じてこれから教室でもみんなで無心に詩を唱える時間を作っていこうと思いました。

　次に、みんなで円になり先生のお話に合わせてリズム遊びをします。「トーン、トントン」のリズムを手で打ちながら、足も同じリズムで歩きます。同時に詩も唱えます。なれてきたところでリズムが少しむずかしくなったり、動きが変わったりします。簡単なことだと頭では理解できるのですが、体は思うように動かず、思わず苦笑いです。自然と教室全体に笑いが起こり、和やかな雰囲気に包まれました。その場には「できる」「できない」といった評価や人との比較などはなく、その場にいるみんなでリズムを楽しむという空気があるだけでした。祐子先生や麗先生は穏やかな表情でみんなと一緒に正確なリズムを刻んでおられました。先生からのアドバイスなどもなく、一人一人がどう感じるのかを大切にされているように思いました。

　体がほどよく温まり、目も冴えてきたところで席に着きました。いよいよメインレッスンが始まります。黒板には大きな美しい太陽とそれを両手を広げて仰ぎ見る若者の姿がきれいな色チョークで描かれています。季節のテーブルには青と緑と茶色のシルクの布を使ってどこかの村の風景が表されています。真中には夏の太陽を思わせるひまわりが白い花瓶に生けられていました。黒板の両側には非常脱出用の梯子が入った四角い鉄の箱が置かれてあるのですが、その箱にもピンクと黄色のシルクの布がかけられてあり、その上に季節の野草が小さな花瓶に入れられ置かれていました。祐子先生は薄いピンクのTシャツにベージュのロングスカート、胸には金色の小さなブローチをつけておられました。刺激的なものは何もありません。自然と落ち着いた、ほっとした気持ちになってきます。

　この日のために何度もこの会場に足を運び、教室の中をどんな風にしようかと麗先生と話し合われたそうです。壁の色、照明、窓の位置、カーテンの色等代えられないものについてはしょうがないので、それ以外のものをどんなふうに工夫すれば授業を行うのに相応しい環境になるのかについて話し合う時間をとられたそうです。「自分の理想とする教育活動を遂げるために教室をどのように整えるかはとても重要なことです。」と話されました。朝のお天気に合わせその日の服の色を選び、スカーフやブローチも決められるそうです。この日も朝、会場に入られてから日の差し込み具合をみて、黒板の横のカーテンを閉めることを決めたとも言われました。

　環境を整えることへの意識の高さに驚きました。それは取りも直さず環境が子ども達に与える影響がとても大きいことを表しているのだと思いました。先生の服装だけでなく子ども達が着てくる服や朝の食事、テレビを見てから登校したかなどもその日の子どもの様子に影響するようです。「環境を整える」ことの意味は随分奥深いと感じました。

　今の自分の教室はどうだろうかと考えた所、前の黒板の横には「今月の目標、あいさつをしっかりしよう」の紙が貼ってあり、その下に給食当番や日番の札が掛けられています。後ろの黒板には授業中に書いた子ども達のプリントに私が赤ペンでコメントを書き込んだ紙や習字の作品が所狭しと貼られています。今まで当たり前に感じていたそんな教室の様子がひどく雑然としたものに思えてきて、子ども達が落ち着かない原因のひとつになっているかもしれないと思いました。私自身の服装も動きやすい、汚れてもいいという単純な理由からジャージを着ることが多く、参観日の日などにスカートを履くと子ども達が大喜びしていました。夏休みの間に教室の環境についてできることをもう一度考えてみようと思いました。

　1年生の文字の導入のメインレッスンが始まりました。たったひとつの約束は「手を挙げて答えること」と言われました。

　さかなを捕まえるのが得意なおじいさんや賢い王様や勇気のある若者が登場する物語を語りながら人間がどのように文字を獲得して来たのかについて理解できるような授業でした。ひとつひとつの言葉をかみ締めるように祐子先生は話されました。祐子先生の言葉を聞いているだけでその場にいるような気持ちになり、その場の状況が手にとるようにわかりました。「1人で文字を探す旅に出た若者は美しい太陽に出会い、その太陽のことをみんなに伝えたい一心で太陽を持ち帰る代わりに「日」という文字を生み出しました。同時にその場にあった高い山々や透き通った川のことも伝えたいと思い、それぞれ「山」「川」の文字を作り出しました。」ここまで聞いて、前の黒板に描かれてある絵がもう一度私の前に力を持って生き生きと現われました。大きな美しい太陽を両手を挙げて仰ぎ見ている若者はまさに今私と共に歩んできた彼だったのです。このとき私は、美しい色を使ってその絵を描きたいと思いました。そして、人が文字を獲得したのは自分の思いを人に伝えたいと強く強く願ったからだったのだと改めて気づき心が踊りました。

　大きなメインレッスンブックに黒板の絵を描くことはとっても楽しかったです。ここでも人と比べられることなく、自分の絵を評価されることもありませんでした。同じ黒板の絵を観て描いているのに同じ絵は一つもなく、それぞれに美しいのです。教室は心地よい静けさに包まれました。祐子先生は何も言わずみんなの絵を見て回っておられました。きっとこういう時間に子どもの様子を鋭く観察されているのでしょうね。子ども達の姿勢、絵の勢い、色の使い方、描き始める場所、体の動き…。ただただ子どもを見つめるための大切な時間のひとつなのかも知れません。

私は毎日の授業の中ですることに追われているように感じています。これが終わったら次にこれをさせて、早く終わった子どもにはこの課題を与え、遅い子どもには放課後に時間を作って…。子どもの持ってきたノートに丸をつける時も子どもの顔を見る事なく、ノートだけを見て次々にそれを消化していくこともあります。一日のうちのたとえ短い時間であっても子どもを評価する事なく、次にすることに追われることなく過ごせる時間を作っていきたいと思いました。

握手、あいさつ、詩を唱える、リズム遊び、前日の授業の振り返り、物語の語り、絵を書く、というふうに同じリズムでその後のメインレッスンも続きました。リズム遊びやメインレッスンの前に歌を歌ったり、絵で表現する代わりに粘土で表現したりいくつかの変化はありましたが、どれも楽しい授業ばかりでした。日を追うごとに参加されている方々の表情が和らぎ、お互いにとても親しくなっていきました。みんなで円になって歌ったり体に触れ合ったり、同じ物語を共有していく体験が私達のつながりを深めていっているように感じました。でも、普段の学校の中でも子ども達は共通の体験を積み重ね、一緒に時間を過ごしています。なのになぜ、子ども達は自分の心に固いバリアをはり自分の心を見せることをいやがり、人と関わることからも自分を遠ざけようとするのでしょうか。

何度も書きましたが、この場では人と評価されない、じぶんも人と評価しない心地よさがずっとありました。「私は私でいい」と心から思える時間でした。自分が何を感じ、何を考え、どう行動するかが一番大切なことなんだということが、日に日に明らかになってきました。そう考えると心が固くなっている子ども達のまわりにはさまざまな評価が付きまとっているのかも知れません。現実問題として受験もあります。学校行事や授業の中での勝ち負けも大きく取り上げられています。速い、明るい、できる、が良くて　遅い、暗い　できないが悪いという価値観があります。だからといって、それらを全て「悪」として排除することはできませんし、排除することが子ども達の心を解き放つ全てだとも思えません。

シュタイナー教育で行われているメインレッスン、コーラス、オイリュトミー、言語造型、水彩画の授業を体験してみてそれらが全てつながっていることを実感しました。どれもが子ども達にとって必要なものなんだと思いました。公立の学校の中でそれらを行うことは無理ですが、全てに共通する先生方の想いを自分に引き寄せて、日々の授業の中に取り入れることはできるかもしれないと感じました。やはりここでも祐子先生の「今いるところから始めましょう。」の言葉が私に力をくれました。

北海道からかえって、さっそく教室の大掃除を始めました。全ての窓ガラスを拭き、カーテンを洗い、黒板や蛍光灯の上に掃除機をかけ雑巾拭きをしました。不必要な掲示物ははずし、必要なものは廊下に張り替えました。一人一人の机と椅子、ロッカーを子ども達の顔を思い浮かべながら拭きました。テレビと物置き棚に布をかけ、小さな季節のテーブルも作りました。前の黒板には2学期の最初の国語の教材の絵を12色のチョークで描きました。教室の中は雑然とした感じがなくなり、さわやかな空気に充たされました。子ども達はどんな顔をするかしら。しっとりと落ち着いて学習ができるといいなあ。学ぶことを楽しいと感じてほしいなあ。2学期の始まりを心待ちにする私がいました。

今、朝のあいさつをひとりひとりと握手を交わすことから始めています。その一瞬は私の全てを一人の子に向け、その子の全てを受け止める自分でありたいと思っています。そして、朝の詩を唱え、全身を動かす簡単な体操をし、円になって掛け算を唱え、リズム打ちをしています。ところがやってみてわかったんですが、子ども達の体は思った以上に不器用でうまくリズムがとれません。私にとってはうきうきした体験だったんですが子ども達には楽しくないようです。みんなできれいな円を作ることすらすぐにはできませんでした。真直ぐに立てない。すぐに物にもたれかかる、友達とはなれて立つのが不安なのか近くに寄ってしまい誰とでも気軽に手が繋げない。習ったとおりの九九は言えても体の動きに合わせて、答えだけが飛び出してくる掛け算は苦手でした。「やっぱりむりかなあ」と思いましたが「今までやったことがないんだから仕方ないなあ、本当は楽しい体験なのに今無理をして嫌いになってしまったらいやだなあ。」と考えました。立ってやっていたことを座ってやり、手と足を一緒に動かしていたのを別々にやりました。そうして毎日短い時間繰り返しやり続けるうちに、少しずつできるようになってきました。今では、休み時間にふざけ半分に友達と手を打ち合う子どもでてきました。

授業の中では今まで以上に絵を描くことやお話をすることを取り入れるようにしています。国語の時間に教科書の絵を写したり、理科で観察した虫の絵を色鉛筆を使って書き表したり。算数の筆算の授業の導入に算数の苦手な王さまと計算が得意な家来の話を語り聞かせることもやってみました。子ども達は算数の時間なのになんでお話？と最初は怪訝な顔をしていましたが、だんだんお話の中身に引き込まれていって、結局最後は筆算の勉強につながっていることが解るとなんだか不思議な感じがしてうれしそうでした。

これらのことはもちろんシュタイナー教育と呼ばれるものではないと分かっていますし方法だけを真似ても根底に流れる私自身の人間観や世界観があいまいであればなにも変わらないということも分かっています。これから私が学ばなければならないことはたくさんあります。でも、サマープログラムの中で私が体験して楽しいと感じたこと、子ども達にも是非伝えたいと思ったことを今私のできる形で実現していきたいと思っています。

## サマープログラムを終えて

御手洗《みたらい》ひとみ（ひびきの村）

父母のため、教師のためのシュタイナー教育という2つのプログラムが並行するワークショップにコーディネーターとして関わりました。プログラム前も最中も日々仕事をこなすのに一生懸命でまったく余裕がありませんでしたが、思い出してみると心に残ったことはたくさんありました。

お子さんのために自分が変わらなければとおっしゃったお母さんの表情。目の前にいる子ども達のため自分がまず勉強したいとおっしゃった公立校の先生の言葉。参加者の講義を受ける後姿。参加者のお子さんを全身で見ている託児スタッフの姿。職人として納得のいくパンを作り、食べてもらえて嬉しいと話すパン屋のおじさんの顔。昼食として出すとうもろこしの皮を鼻歌を歌いながら楽しそうにむき、茹でる「シュタイナーいずみの学校」の7、8年生。その生徒にてきぱきと指示をするスタッフ。確信をもって参加者にお話する講師の声。「これ海で見つけたんや。」と嬉しそうに話す子ども達。宿舎でプログラムの幼稚園で歌っている歌を口ずさんでいる子…。

中でも印象に残ったのは、会場として使わせていただいていた研修センターの口うるさい管理人のおじさんです。昨年のサマープログラムから使用している施設ですが、小言を言う以外話したことの無いおじさんでした。ある日いつものように呼び止められました。その時は、管理人室のすぐ隣の体育館で声を出す授業をしていたので講師や参加者の大きな声が体育館中響いていました。声がうるさかったか、奇妙に感じたかと心配しているとおじさんは「いやーすごいな。この人達いろんな所から勉強するためにきてるんだって？私は長年子供の地域教育に関わってきたけれど、最近は活動に人が集まらない。集まっても内々だけで固まって広がらないんだよ。あんた達えらいな。」と私に話し掛けてきました。いつも管理人室にいて、私達と接する機会のほとんどない無いおじさんもサマープログラムの空気を感じたのでしょうか、おじさんの心が開いていくのを感じました。

失敗や反省点も同じくらいいっぱいあります。最終日はその最たる日でした。連絡ミスや判断を誤るということが続き、私は自分の仕事を果たせていないと思い、あせっていました。しかしプログラム最後の参加者の発表を見たとき、私の失敗や心配はまったく取るに足らないことだと分かりました。皆さんの真剣に、恥ずかしそうに、楽しそうに学んだことを発表する姿は本当に眩しかったです。

こうして書いているうちにもプログラム中の様々なことを思い出します。一つ一つは断片的なのですが、そこに一つ通っているものは精神の光だったと感じています。サマープログラムを経験する度に関わる人に畏敬の念を感じさせてもらっています。関わったすべての方に感謝いたします。ありがとうございました。

## 教員養成講座を勉強中

林田佐帆子

私は、8年生と5年生の2人の息子に素晴らしいシュタイナー教育を受けさせたくて、そして私も勉強したくて、私と一緒に暮らすことを選んだ73歳になる私の実母とともに4人で3月末に長崎から転居して来て、「教員養成講座」で勉強中です。その講座で勉強していた5月中旬頃に、「サマープログラム」での幼児・託児係の依頼が来ました。が、丁度その頃から離れて暮らしていた夫も一緒に暮らせるということで、いろいろな話し合いや片付けのための帰省もあり多忙中でした。

ですが「いずみの学校」の父母の方で「サマープログラム」に参加してから転居を決めたという方が数人いらっしゃるのを知っていましたので、保育士として3月末まで仕事を続けていた経験もあるし、引越し中だけど何とかして託児係として参加しようと思っていました。それに、「いずみの学校」は父母が〈つくる〉※学校であり、いろんな意味で〈つくる〉※為にこの「サマープログラム」に参加することが学校のためになり延《ひ》いては子供の為になるのだから必ず参加しようと決めていました。

そして、1回目のプログラムの準備中、お預りする子供さんのことを知る為に書類に目を通すと、初めての託児を心配なさってる方や様々な悩みをお持ちの方を知り、遠くから勉強に来ることを決められた〈親の思い〉を考えると、私も何かの役に立ちたいと心から思いました。ですから、片付けもほどほどに第1回目のプログラムから最後の回まで無事に参加できて本当に良かったと思っています。

さて、私が初参加ということで、係の1回目のミーティングやお部屋作りに時間をとってしまいましたが、御手洗さんがテキパキと進められ、ナンシー先生が労をいとわずにして下さり（そのお二人の姿は今でも忘れられません。私にとって勉強になりラッキーな事でした）可愛いいお部屋ができたときはホッとしました。とくに、あの「可愛いいネンネ処」（勝手に名づけてますが、ピンクの屋根付きで、回りを囲んであった眠る為の場所のことです）が完成してから、「どう？　できた？　何か手伝うことはないかしら？」と言って見に来て下さるスタッフやいろんな係の人や手伝いの子供達の全員がその〈ネンネ処〉を見て、「わあ可愛いい」とか「ああ僕（私）も赤ちゃんになりたい」と言ったり、本当にそこに寝そべって嬉しそうな顔をされている姿をみると疲れも飛んでいってしまいました。

子供は勿論、大人も喜ぶ「可愛いいネンネ

処」で初めて来る子供さん方もゆっくり眠ることができたらいいなあと思っていました。

　プログラムが始まると、やはり、初日は大泣きするけどだんだん落ち着き、遊んだりお散歩でき、抱っこされたまま眠ってしまう子もいました。

　2日目以降は、別れ際に泣き、その後落ち着くと遊べる子はおもちゃで遊び、お外がいい子は室外へと行き、眠りに入るスタイルも時間も様々でしたが、あの「可愛いいネンネ処」で眠ってくれたときはホッとするやら嬉しいやらでした。いろんな遊びをしましたが、中でもお散歩は久しぶりに小さい子としあわせなひと時を過ごすことができて、私の方がお礼を言いたいくらいです。

　食事の支度や用事の心配も無く、自然の中やご近所の小さなものを見つけて楽しんだり驚いたりしてそれを共有したんです。「一緒に見ようよ。」「一緒に見てよ。」と言わんばかりに、私が他人だということも忘れて「ママ！」と呼んで手招きしたり、手を引いて連れて来ては一緒に見て、顔と顔を合わせニッコリして、目と目で会話をして、時には片ことの言葉で会話を楽しみ、本当にしあわせでした。同時に、自分の子育てを思い出していました。「あの頃が懐しい。私はどれだけこのような時間を持っていたかなあ。」と。

　私の仕事は時間差勤務が有りましたので、早出勤務終了後は私の子供を預けていた保育園へ早くお迎えに行きます。子供もそんな日は解っていて夕方のお散歩をせがみました。互いの体調もよく用事をあとまわしにできる時はゆっくりお散歩などして、草花や空を見てはその色の変化の美しさ不思議さを感じて過ごしました。ですから夕食は、職場の先輩方の「先に主食を食べさせといて、あとででき た副食を食べさせる」方法などの経験談や、保護者向けの講演会で講師のKさんが「1日30品目食べさせないといけないからといって、いつもいつも頑張らず、時には、惣菜店のコロッケ等や今は便利なお弁当屋さんを利用したり、経済が許すなら外食でもいいくらいに思ってしていかないとイライラして、子供に八つ当りしてしまうから。」と話しておられたことを参考にして、自分なりの工夫をして、様々でした。

　ついでに書きますと、学生の時に乳児院で実習させていただいた時、院長先生の講話の中に「普通の家庭の生活を体験させておかないと家に戻った時や養子縁組して行った時に〈変な子〉とか行儀の悪い子と言われてしまうから、都合のつく職員が1対1でお買い物に連れて行って『ごめんください』『これ下さい』『ありがとうございました』の会話を聞かせたり普通の家庭生活を体験させたりするんです。」というのがあり、家庭でしている何気ない生活の1つ1つが大切なのだと思っていました。ですから、お散歩に行かなくとも買い物に連れて行き、品物の選び方を見せたり、「これ買って。」と言う時は必要に合わせて買ったり、添加物が沢山の物は説明してなるべく食べさせたくない私の気持ちを伝えて、それでもどうしても買って食べたいと言い張り私の譲れる程度の物なら「いいよ。」と言って一つだけ買ってあげたり、お店の方や近所の方とやり取りしている会話を聞かせたりしました。又、掃除や洗たく物の事や料理などを一緒にしたりもしました。

　それに、職場の大先輩から「子供が小さいうちは、そうじよりもまず一緒に過ごしたり遊んだりすること。ゴミが少々積もっていても死にはしないのだから。子供はすぐに大きくなるよ。大変なのは一時よ。」と経験談を聞いていたのでそのことも頭に置いてやってました。が、やはり、思うように行かない時もあり、そんな時は夫の子育てと家事参加の仕方やサポートの仕方等に対してイライラして、それを子供に八つ当たりすることもありました。今となっては笑い話なのですが。

　今、こうして書いてみますと、私の子供にアレルギー等の心配が無かったからできていたことなのだと思いました。色々と配慮を必要とされる子供さんの場合は、私の想像もつかないご苦労がおありのことと思います。

私に言えることは、保護者の心身が健康であることが大切ですから、柔軟に向き合って下さい、ということです。

もう1つ思い出していたことがあります。私がしていた仕事のことです。

保育園は、子供の年齢別の人数に対する保育士の人数に国基準が定められています。県市長村で少しずつ違う所もあります。私が勤めていた長崎市は、0才児3人に保育士1人、1才児5人に1人、2才児6人に1人、3才児20人に1人、4才と5才児は25人に1人、（子供の人数が一割り増しになると保育士が1人加配されます。4才5才児はそのクラスの状況により29人か30人になると1人加配されました）新入児が沢山入園する4月1日の新年度がスタートした時期は、普段もそうなんですが、〈特に特に〉全職員が互いに協力し合って保育していました。

慣れるのには年齢月齢で個人差があり、身心の成長発達と共に落ち着いていきました。

近頃はいろんな所で「一時預かり保育事業」が行なわれていますが、担当の現場の方のご苦労を思いました。無認可園で働いていた身体の頑健であった私の知り合いが無理をして身体をこわして退職したことを思い出して、現場の方々の身体のことも心配しました。子供が人間らしい対応を受ける権利を守り、保育士が人間らしい対応をすることのできる規準の「元」とは何なのでしょうか。

「サマープログラム」での託児は、他の係の人やスタッフや講師の方も皆なさんが様子を見に来ては手を貸したり、手伝って下さったり、会う度に「大丈夫ですか。手は足りてますか。」と声をかけて下さいました。それで、ほぼ1対1で対応ができていました。ですから、ある方が「ぜいたくな託児だね」とおっしゃった時は、複雑な心境ながらも人手があるならこれに越したことはないと思い皆さんのご協力に甘えました。

その1対1の対応だからでしょうか、こんなことがありました。1つは、初日にAさんが対応していた2才児のB君が2日目によく遊んでいたので、他の泣いているC君をAさんがオンブしたらB君がイヤイヤをしながらAさんに泣いて抱っこをせがむので「わかった、わかった。」と言ってAさんがオンブしているC君を他の大人に任せて初日に対応したようにB君を抱っこすると落ち着いて遊び始めたのです。皆んなで「たった1日なのにもうヤキモチなの?」と言って驚きました。

もう1つは、3才児のDちゃんのことです。

1対1でもずっとはきついだろうと思ったEさんが、泣いているDちゃんをFさんと替わって抱っこして散歩してくださり、次の予定の時間があるのでその後の対応を私にたくされる時に事前にお話を作って（そのお話は、「向こうのお山にウサギのミミちゃんがいて遊んでいたんだけど、ケガをしてしまったので助けに行かなくてはいけないの。だから他の人と遊んでいてね。必ず帰って来るからね。」という内容です。）聞かせてお別れを上手くなさっていたので、私がその「お話」ごと引き継ぎスンナリ馴じみ過ごせたんですよ。そのEさんは、翌日約束通りDちゃんに声をかけておられました。そのDちゃんも時間が経つにつれてやはりお母さんのことを思い出しては「お母さんは今お勉強してるもんね。」と自分に言い聞かせるように、そして、私に確認するように言うのです。わたしもそんなDちゃんが健気で「そうね。お母さんは勉強しているね。偉いね。Dちゃんもここでこうして遊んでるね。偉いね。」と言いました。すると、何かを考えているようでした。この会話は託児をして下さった皆さんがなさったようです。一人一人の子供さんがその年齢らしく何かを感じ考えていたそうです。

そうなんです。子供さん方はいつも親のことを思っていました。どんなに遊んでいても、ふと「お母さんに会いに行こう」とか「お母さんを迎えに行こう」と言うのです。でも何とかして気持ちを切り替えてくれていたんです。その気持ちの切り替えに役立つ物としておやつがありますが、各自持参のおやつが足りなくなったり飽きたりして、他の子供さんのおやつを欲しがるのを見て、託児係責任者の一人の方が、アレルギーに気を使いながら安心な材料でクッキーを焼いて来て下さった時は驚きました。そしてお疲れなのに配慮をなさる姿に頭が下がりました。

　気持ちの切り変え役Ｎｏ．１は何と言っても手伝ってくれた「いずみの学校」の子供達です。よく遊んでくれて面倒も見てくれました。大人には抱っこばかり要求しているのに小学生が相手をすると走ったり付いて回ったりするのです。やっぱり子供は子供同士なのだなあと思いました。それでも元気に遊ぶのはいいのですが、互いに疲れが出て発熱しては大変だと思い、そのことを昼食前に伝えておくと、昼食後はみんなで「ネンネのお部屋」へ子供さんを連れて行き、それぞれが努力して寝かしつけていました。様子を見て寝ぐせのある子供さんを大人が代わって寝かしつけるとそれぞれに協力してくれて、その子が眠ると「寝た寝た。」と言って喜び、ホッとしながら眠る姿を見ていました。次次に寝て静かになると、今度は逆に手持ちぶさたになってウロウロしたり、「あー暇だ!」と言ってため息をつくときは苦笑しました。自分がお世話をすることで、乳幼児に関わるいろんなことを体験して知り、友人や兄弟姉妹の別な面の素晴らしい所があることに気づいたり、大人が乳幼児に接するときの言動を見て学んだりもできました。私の5年生になる次男が赤ちゃんのお世話をよくしてくれたのですが「お母さんも赤ちゃん産んでよ。」と言って来た時は赤ちゃんの可愛いらしさがわかって良かったねと思いつつも、自分の年齢を考えると「ウ～ン、授かったらね。」と答えていました。この「お母さんも赤ちゃん産んでよ」の言葉は他の数人の小学生もお母さんに言ったらしいです。返事はどうだったのでしょう。

　この夏に、いずみの学校の子供達が生命の大切さや生きる喜びを味わう機会があったことに深く感謝しております。

　そんなこんなをしている間に、お父様やお母様方は楽しいお勉強をなさっていたのですね。お迎えに来られる度に何かを学んでいらっしゃる満足感で一杯のお顔を見て、「ああ、良かった。」と思っていました。そして、どのように過ごしていたかを聞いて安心したり、我が子の別な一面を発見して驚いて成長を喜ばれる姿を見て、わたし達も本当にうれしかったです。布おむつで頑張られたご両親。子供さんの体質に合わせたお弁当とおやつ作りの為にスタッフの家の台所を借りて作られたお母様。休憩になると赤ちゃんの様子を見に来られたお父様やオッパイ授乳にいらしたお母様。手作りのお人形を気に入って離さない息子さんの為に売店に買いに行き、販売していないことがわかると作り方を熱心に尋ねられたお母様。悩みを話されるお母様。他にもいろいろ子供さんへの配慮をなさっていらっしゃいました。しかし、私も知っています。目に見える事だけが親の愛ではないことを。

　手作りの布袋や色取りよく栄養面もバッチリなお弁当を作れるのが良い親だと信じなくても良いことを。

　したくてもできない都合や事情があります。ですから、できる時にできることをして、皆んなで子供を育てなければいけないし、そのほうがいいと私もつくづく思っています。

　「サマープログラム」に参加された方も参加しなかった方も皆んなで子供を育てていきましょう。

　それが素晴らしい明日・未来作りにつながることを思うとワクワクして来ます。プログラムに参加して沢山の事を学ぶことができましたことに感謝しております。

　本当に有難うございました。

## 妻のいうことが理解できました

田中美幸

　受講するに至った経過は、妻にシュタイナー教育の親子研修に行くといわれ、お盆休みの家族旅行という軽い気持ちで参加しました。本当のところ、妻が間違った方向に（宗教など）いっていないか、自分自身で確かめる意図もありました。本をわたされて読んだもののシュタイナー教育というものが理解できないうちに参加しました。

実際の講習に参加して、メインレッスンという実際に子供の立場に立っての授業は、子供に対する考え方に一歩距離をおいて子供をみれるようになりました。自分も子供のときにこんな教育をうけていれば、自分の感性や才能が広がっているかもしれないと感じました。そして自分の子供にもできることなら受けさせたいと思ったことは事実です。

子供の立場にたって学ぶことで、子供の気持ちもわかるし先生を通して大人が子供への接し方を学ぶことができました。

オイリュトミー、水彩、言語造形は、時間が少ないせいかもう一歩自分の中で納得できるものを感じられなかったのは残念でした。

コーラスは子供のころの林間学校を何十年ぶりに思い出させるような楽しいものでした。

祐子さんの講義は質問に対して答える形で行われましたが、その質問に対して、どのような受け答えをするのかがとても楽しみでした。シュタイナー教育というものが少し見えたような気がしました。

ひびきの村はお天気もよく、環境もよく、大変ステキな所でした。スタッフ、ボランティアの方々は、大変気がゆきとどいて感心させられました。一服のお茶、おやつ、手作りのパンなど、大変おいしかったです。またスタッフの方々も毎晩夜おそくまで、がんばってくださって本当におつかれ様でした。

家族で参加することで、いくらか妻のいうことが理解できるようになりました。ありがとうございました。

田中　美幸

## ひびきの村と私

石原純

「天の海に　雲の波立ち　月の船　星の林に漕ぎ隠る見ゆ」（万葉集より）

現代の私達より、はるかにリアルに、大いなる天―精神の世界との結びつきを感じ取っていた万葉の時代。この歌には、人類の発展とともに、来るべき個の目覚めと、自己を認識していく人生の行路が、「月の船」として歌われている。と私には思えてならない。精神の息吹きである風は、船を進める力であるのと同時に、雲を波立たせ、船を転覆、遭難の危険にも曝す。精神的なものを求め、スピリチュアルな生きかたをめざして集まった人々が乗りこんだ船（太陽の光を映す鏡、自分自身の魂の姿をも映し出す鏡―「月」の船）は、人類全体の発展と、個としての私自身の発展を願って、精神の輝きをさえぎる現代の物質文明のむら雲の間を進んでいく。かつて人々を導いてきた、古代の太陽はもはやない。しかし新しい太陽が一人一人の内に、生まれ、未だ弱弱しくも、光を放ち始めている。この光を守ろう。ただ、自分の内なる光だけを見つめているのではなく、周りにも目を向け、互いのうちに、どの人にも小さな光があることを喜びながら。光りかたは、みなさまざまだ。そしてただ漫然と見ていれば、ばらばらに輝いているようにしか見えない光は、本当はみんな、互いに結びつき、そのさまざまな関係の中に、美しい絵が描かれ、音楽が響いている。夜の満天の星と星座のように。―

出帆したばかりのひびきの村を初めて訪れたのは4年前、以来毎年、今年はどこまでいっただろう、と翔ける船の行方を楽しみに出かけていく。船は年々大きくなり、航海術は、遠くに行くには未だ頼りないが、近海を進むのはずいぶん上手になってきた。寄港先もいろいろあって楽しそうだ。でも何より驚かされるのは、人としての輝きを増しつつ、成長し、たくましくなっていく、「スタッフ」という名の乗組員。これが去年会った人だろうか、と見まごうばかりだ。一年の内に、きっといろいろ苦労もあることだろう。でも、船を先に進めるために、頭と心と手足を動かし、学びつつ働き、働きつつ学ぶ体験が、変容の大きな力になるのだと思う。

私も、今年は例年より、滞在も長く、仕事も多かった分、人々との結びつきも深まり、ほんとうに楽しく、学ぶことも多かった。実は今年は、昨年までと違って、当初は、サマープログラムの講師としてではなく、ボランティアとして来ることにしたのだが、結果的には、大人向けのメインレッスンの講座も受け持つことになり、子どもプログラムで1、2年の担任もやり、本業のオイリュトミーも、幼児から、小学6年生まで、全部で100人近い子ども達とすることができ、幸せだった。(そうそう、託児にも入ってほしいと頼まれ、わかりましたと返事はしたものの、「でも赤ちゃんにひどく泣かれたらどうしよう」と内心、冷や冷やしていたら、おとなしい女の子でホッとしたりもした)

滞在の最後の二晩、星座を見に夜の散歩に出た。人の背の倍にも伸びたとうもろこし。その畑のあいだの道をゆくと、天の川をはじめ、満天の星空。そしてここ数年見ていなかった、流れ星を四つも見ることができた。

「来年もまた何かできることがあれば、また来たい。そして、流れ星が見れたらいいな」

―なにかとても素直にそう思えるところ。それが、私にとってのひびきの村だ。

# 「ひびきの村」の歴史を早足で辿ると……

## 大村祐子さんが直接レポートする「ひびきの村」、もうひとつの「風のたより」

もっと深く知っていただけたら…。このページが「ひびきの村」です。

「ひびきの村」の歴史を早足で辿《たど》ると…

「なぜ、伊達市で『ひびきの村』を始めたのですか?」とたくさんの方々が訊《たず》ねます。わたしはいつでも「導かれて…」と答えていますが、本当にそうとしかお答えしようがないのです。

七年前、当時室蘭《むろらん》にお住まいだった方が、サクラメントのルドルフ・シュタイナー・カレッジのサマープログラムに参加されました。その方が中心になって、室蘭でわたしの講演会を企画してくださいました。その後、「ひびきの村」の構想をお聞きになった彼女が、お知り合いを通じて今、わたし達が使わせていただいている農場の持ち主、永谷ふみさんを紹介してくださいました。何度か手紙でやりとりをした後、わたしはふみさんを訪ねました。

噴火湾を見はるかす農場に立った時、「ああ、わたし達を待っていてくれた土地はここだわ」と、思いました。強い海風の中で小雪が舞っている、二月の寒い日でした。

シュタイナー・カレッジで教え子や、卒業生達(自然と芸術を学ぶことを通して人智学を学ぶプログラム)と話をし、「ひびきの村」の開拓が、自分の使命だと考えた、五人の勇気ある女性が名乗りをあげました。そして、一九九六年の秋、彼等は「ひびきの村」の開拓者として伊達市に移り住んだのです。

それからルドルフ・シュタイナー・カッレジの仕事を引き継いでくれる人が現れるまで

ひびきの村農場への道

の二年間、わたしはサクラメントと伊達を往復しながら彼等と共に仕事をし、二年後の一九九八年夏に仕事を引き継ぎ、彼等に合流して今日に至っています。

## 「ひびきの村」を支えてくださる人々

「あなた達の志を支えたい」そう言って、五人のスタッフが「ひびきの村」で生活を始めるために、わたしの友人の一人が多額なお金をプレゼントしてくれました。そうして、一人の友人も知り合いもなく、親類もいないこの土地で、若いスタッフは暮らし始めました。住む家を借りるために、この地で一〇年余の間、シュタイナー教育を学んでいらしたグループのお一人が、保証人になってくださいました。若いスタッフが伊達市で暮らし始めるため、仕事を探すため、そのグループの方々が大きな力になってくださいました。

東京に住んでいる友人が伊達に住む知人を紹介してくださり、その方がお知り合いを紹介してくださり…気がついた時には、わたし達は大勢の善意に満ちた方々に、支えられていたのでした。

## 「こどもの園」幼稚園

この伊達市で最初にわたし達がしたことは、スタッフの一人の子どものために「幼稚園」を始めたことでした。海に近い2軒続きの長屋の一軒を借りました。なけなしのお金をはたいて毛《ウール》１００パーセントのピンク色の絨毯《じゅうたん》を買いました。おもちゃは海岸で拾った貝殻《かいがら》、石、流木、そして野山を歩いて取ってきたブドウの蔓（つる）、木の実、工事現場から頂いた木のくず…子どもが怪我をしないように洗ったり、切ったり、磨いたり、削ったり…。テーブルは部屋の仕切りの戸をはずして段ボール箱の上に置き、木綿の大きな布で覆（おお）いました。椅子は…木の椅子は高くて買えません。ス

ひびきの村農場への道

タッフの一人が道ばたに捨ててあったものを拾ってきました。あらあら、えみりーちゃん（当時たった一人だった幼稚園生の名前です）の背丈にぴったりではありませんか！

　一九九六年十二月、「こどもの園」の始まりの式をしました。翌年の春には、地元に住む男の子が入園しました。入園を祝う大人の数の方が断然多い、おかしな入園式の様子が写真入りで、地元の新聞に紹介されました。西胆振《いぶり》地区ではじめて生まれたシュタイナー幼稚園として…。

　その写真はFAXでカリフォルニアのわたしの許《もと》にも届きました。新入生の名は鈴木浩介くん…おばあちゃんが作ってくれたという立派な式服を着、蝶《ちょう》ネクタイを締め、緊張した面もちでした。彼は今、「シュタイナーいずみの学校」の4年生です。

## 「教育講演会」

　それから次にしたことは、わたしの講演会でした。伊達市でシュタイナーの思想と教育を学ぶお母さん方が、伊達市のカルチャーセンターで講演会を主催してくださいました。神戸で小学生が酷《むご》い殺され方をした、あの出来事に心を痛め、…教育をどうしたらよいか考えたい…という切なる思いを、分かち合いました。

　日本の教育を真剣に考えている人、子ども達の未来を心の底から憂《うれ》えている人、大勢の方々がいらしてくださいました。「はやく日本に定住して、こんな熱意のある方々と一緒に仕事をしたい！　力を合わせれば、きっと日本の教育を変えることができるに違いない！」…そんな大きな希望を抱いて、わたしは伊達を後にしたのでした。

## 「子どものための芸術教室」

　夏が終わる頃には、わたしはまたサクラメントに戻らなければなりませんでした。

リムナタラ農場

風に揺《ゆ》れる紫色の萩の花を見ながら、わたしは考えました。…このまま何もせずに帰る訳にはいかないわ。日本の子ども達のためにできることはないかしら？　子ども達が必要としていることは何だろう？…心がわくわくすること、どきどきすること、はらはらすること…毎日の生活の中で、子ども達はほとんど体験していないように思えました。芸術体験！　子ども達には今それがもっとも必要なことじゃないかしら？…スタッフと相談し、子ども達が学校から帰ってきた後、芸術を体験することができる教室を開くことにしました。

一九九七年秋、近くのコミュニティーセンターの一室を借り、「子どものための芸術教室」が始められました。お話を聞き、絵を描き、歌を歌い、楽器を奏《かな》で、手芸や木工、ゲームをし、畑仕事をし、おやつを頂き…その時間も、そして終った後も、子ども達の生命はいきいきと息づいているように見えました。子ども達の様子を、わたしに知らせてくれるためにサクラメントまでイラスト入りで送られてきたＦＡＸの数々…今、その中の子どもの何人かは「いずみの学校」で学んでいます。

## バイオダイナミック農法による リムナタラ農場

シュタイナーの洞察によって始められた、バイオダイナミック農法による農業を実践することは、わたし達の生活にとって欠かせないことの一つだと確信していました。

広い農場で一人暮らしをされていたふみさんは、初めて会うわたし達に、ほんの少しの警戒心も、疑いも持つ様子を見せませんでした。そして、ふみさんの口から出てきたのは、「人のお役に立てることなら…喜んでお貸ししますよ。皆さんの好きなように使ってくださいな」という、実にありがたいことばでした。

農場のまわりの小さな森

わたし達はお借りした五反の畑で、試行錯誤しながらバイオダイナミック農法による農業を始めました。一年の半分は暑く、雨がほとんど降ることのないサクラメントで農業を学んだスタッフは、半年の間凍《こお》る土を前にして途方に暮れてしまいました。その時もふみさんが助けてくださいました。長い長い年月を自然と共に生きてきたふみさんは、きらきら輝く宝石のような叡《えい》知《ち》をたくさん持っています。

一五年来、九州の熊本でバイオダイナミック農業を営んでおられるドニーさんもわたし達の農場においでになり、たくさんのアドヴァイスをくださいました。それ以前もそれ以後も、電話でＦＡＸで、パートナーの芳子さんにもどれほどお世話になったことでしょう！　ありがたいことです。

一九九九年には、スタッフの恩師であるハロルド・ホーヴン氏も来てくださいました。スタッフが汗を流して耕した畑を見て、収穫したトマトを口に入れて、彼は「本物のバイオダイナミック農場だ」と喜んでいました。

## えみりーの庭・クラフトの通信販売

「ひびきの村」の運営資金を生み出すために、手工芸品を作って通信販売をすることにし、そのささやかな事業に、わたし達は「えみりーの庭」という名をつけました。

アメリカにはシュタイナー関係のおもちゃやクラフトの通信販売をしている会社がたくさんあります。カタログを取り寄せ、話を聞き、それらを参考にして仕事を始めました。はじめて「えみりーの庭」のカタログを出した時には、遠くに暮らす友人、知人、親類が、わたし達の門出を祝ってたくさん注文をくださり、制作が間に合わないほどでした。ありがたいことでした。

有珠山と昭和新山

## 拾う、作る、頂く…生活の方針

「ひびきの村」で生活を始めたわたし達の方針は…拾う、作る、頂く…でした。その頃、スタッフは大きな家を借りてみんなで暮らしていましたので、生活費も食費も随分割安になったものです。

わたしも休みにはサクラメントから戻って、彼等と共に暮らしました。台所に食費を入れる箱が置いてあり、一人一ヶ月の食費として一万円をその箱に入れました。そして、買い物をする時は、それぞれがその箱からお金を出して使っていたのです。こんなに少なくて足りるのかしら？　と思いましたが、毎月末には「祐子さん、余剰金ですよ」と言って、二、三千円ほど戻ってきたのです。スタッフが海辺から拾ってきたという、正体の知れぬ貝や海草を食べさせられたこともたびたびありましたが、だれ一人お腹をこわすこともありませんでした。わたし達の胃は強健なのです。

## 生命の源…温泉

冬が長く、寒い寒い北海道で暮らし始めたわたし達の楽しみは、なんと言っても「温泉」！　公立の施設には、三六〇円払うと何時間でも居られるのです。昔は「カラスの行水」とからかわれたわたしも、すっかり長湯のコツを覚えました。

馴《な》れない寒い土地で、元気で仕事を続けることができるのは、「温泉」のおかげだと思っています。伊達市内に公共の温泉が一つ、私設の温泉が一つあります。近隣の町村には数えきれないほど、素晴らしい温泉があります。まさに大地の恵みですね。本当に感謝です。

伊達市は噴火湾に面しています。湾の向こうには駒ヶ岳が美しく横たわり、夏の夜には漁《いさ》り火が輝き、対岸の人家の灯が人恋しい気持にさせます。背後には東山、紋別岳が控え、西には有珠山が聳（そび）え、その隣には荒々しい昭和新山が、その向こ

うには洞爺《とうや》湖が控えています。そして、天気の良い日には洞爺湖の中に浮かぶ中島の姿も見えます。ずーっと北には、蝦夷《えぞ》富士と呼ばれる羊蹄《ようてい》山が夢のようにたおやかな姿を見せることもあります。

このように恵まれた伊達市に移り住んで、わたしがいちばん驚いたことは、天気が激しく移り変わることでした。文字通り、瞬々刻々変わることも珍しくありません。

わたしが十一年間暮らしていたカリフォルニアのサクラメントでは、三月中旬から一〇月中旬まで、殆《ほとん》ど雨がふることがなく、毎日抜けるような晴れた空が見られました。一日中空模様が変わるということは殆《ほとん》どありませんでした。ですから、「今日は午後から雨がふりそうだから、傘《かさ》を持ったほうがいいかしら?…」などと、空を眺《なが》めて思案することはしなくてすみました。洗濯物が濡《ぬ》れるかもしれない、という懸念《けねん》を持ったこともありませんでした。(多くの家庭は乾燥機を使っています)

天候が変わることは、時に人の心を煩(わずら)わせます。さまざまなことに心配《こころくば》りを必要とし、用心する気持を起こさせます。伊達に移り住んだはじめの頃、時にそれを煩《わずら》わしく感じることがありました。「ひびきの村」や「シュタイナーいずみの学校」で行事の計画をたてる時、天候のことを考慮に入れることも大変だ、と思っていました。そんな気候の伊達に三年暮らし、最近ようやく馴《な》れたような気がします。

その移り変わる気候を生み出す自然…海、山、湖、星、月、太陽、風、雨、雲、霧、雪、木、草、花、鳥、獣、虫、魚、岩、石、土、砂、水…どれほどわたし達に恵みを与えてくれていることでしょう。すべてに感謝する毎日です。

## 「ひびきの村・友の会」

…生きる目的は「精神の進化を遂げるこ

と」、そして、それをルドルフ・シュタイナーの思想に学びながら実践する…という志を共有する方々の発案によって、「ひびきの村・友の会」が発足しました。日本はもとより、外国にお住まいの日本人、あるいは外国人にもメンバーになってくださる方がいます。わたし達はどれほど、その方々によって支えられているか…計り知ることができません。ありがたいことです。

## ニュースレター「風のたより」と「ひびきの村通信」

たくさんの方々に、人智学を学ぶ機会を持っていただくために、そして、わたし達の活動を知っていただくために、「ひびきの村」のニュースレターを発行しました。日本の、世界のどこにいても…「精神の進化を遂げる」、それを人智学が示す世界観と人間観を基に行う…という志を共有し、「ひびきの村」を媒介にして皆さまと共に生きるために、一九九七年一〇月から機関誌、「風のたより」発行を始めました。

「ひびきの村」の様子、わたし達の活動、わたし達が日頃感じ、考え、行っていることを伝え、わたし達の志を皆さまと共有してきました。友人、知人、親族から始まり、少しずつメンバーが増えています。特に、この通信講座が始められてから、「友の会」のメンバーになってくださる方が多くなりました。ありがたいことです。

この五年間さまざまに変容しながら、今、一年に二回のニュースレター「風のたより」（B5判四二ページ）と、一年に二回の「ひびきの村通信」が発行され、会員の皆さまにお届けしています。行事のお知らせ、報告、エッセイ、体験記、似顔入りスタッフ紹介、こぼればなし等々…。真剣になったり、首をかしげたり、お腹がよじれるほど笑ったり…作る苦労は山ほどありますが、できあがったものを手にした時の喜びは何

ひびきの村を囲む山々

ものにも代えがたく、皆さまに支えられながら編集し、発行しています。

## ワークショップ

一九九七年の冬に、はじめてのワークショップを行いました。…日本に帰ったら是非しよう、すべての人が自（みずから）の、そして他者の生を肯定し、祝福することができるようになるために、わたしのライフワークにしよう…長い間そう考えていた「人生の七年周期」のワークショップでした。

参加者は遠く関西から、関東から、そして、北海道内の各地から、伊達市から集まってこられました。初めてのことで勝手が分からず右往左往することもありましたが、宿泊、食事、おやつ、送迎…そして、お連れになった子どもさん達のためのプログラム等、参加された皆さんとご一緒に、充実した時間を過ごしました。

以来、「インナーワーク」「ゲーテの自然観察」「オイリュトミー」「世界の出来事を考える」「水彩画」「老人介護」「子どもの病気」「シュタイナー治療教育」「シュタイナー教育」「シュタイナー幼児教育」「教師のためのシュタイナー教育」等々、皆さまが必要とされるさまざまなワークショップを行ってきました。

わたし達の一番の楽しみは、参加される方々にお会いすることです。これが、生涯でたった一度のお目にかかるチャンスかもしれません。どのワークショップでも、わたしたちは心を尽くし、身を尽くして大切に過ごすよう心掛けています。

## 季節の行事

季節ごとに行われる行事は、「ひびきの村」で暮らす子どもにとっても、大人にとっても大きな楽しみの一つです。

春の訪れを祝う「花のフェスティヴァル」では、だれもかれもが色とりどりの花の冠

子どもたちの遊び場

をかぶり、花の美しさが映えるようにと白いドレス、白いシャツを身につけます。ヴァイオリン、リコーダー、ギター、タンバリンが奏《かな》でる音楽に合わせて、ポールのまわりを輪になって踊ります。ポールからは色とりどりのリボンが垂《た》らされ、踊り手達はリボンの端《はし》を手にして動きます。すると、リボンが次々とポールに巻きつき、美しい模様ができあがるのです。

その後は木漏《こも》れ陽の中でお弁当をひろげ、長く寒かった冬を無事過ごし、共に輝かしい春を迎えられたことを感謝し、歓び合うのです。

十一月に行われるウインターフェアは、花のフェスティヴァルに匹敵《ひってき》する冬の一大行事です。この日のために、お父さんはとっておきの手品の腕を磨《みが》き、披露《ひろう》します。おかあさんは腕によりをかけて料理し、キャフェを開き、おばあちゃんは得意の漬け物を小分けして袋に詰《つ》め、バザーに出します。歌を練習して披露《ひろう》する人、劇をする人、楽器を演奏する人、手芸品を作る人、売る人がいます。大きな納屋には小さな子どもたちのためにお伽《とぎ》の国からプレイハウスが運ばれ、小学生はゲームに興じ、コーラス隊は会場を歌いながら巡り…楽しみます！

「ひびきの村」に暮らす人々はお祭りが大好き！（中でも、祐子さんが一番お祭り好きなんですよ…陰の声）

復活祭、こどもの日、七夕祭り、ミカエル祭、お月見、アドヴェントガーデン…昔、日本のどこででも、幼い子どもからお年寄りまで、みんなが楽しみに待っていた行事…文化的、宗教的、芸術的に…人間が共に暮らす時、大いに力になり、意味のある行事を、わたし達はとても大切に考え、行ってきました。

**シュタイナーいずみの土曜学校**

一九九九年の春、娘さんにシュタイナー

いずみの学校

教育を受けさせたいと願う、一人のお母さんの熱意によって、「ひびきの村」で「シュタイナー土曜学校」が始められました。

　わたしと「ひびきの村」のスタッフは、どれほどその日を待ち望んでいたことでしょう！　わたし達がどれほどシュタイナー学校を始めたい、そして、子ども達がより良い教育を受けられる機会をつくりたいと望んでも、子どもをシュタイナー学校に入れたいと考え、入れると決意される親御さんがいない限り、わたし達の夢は実現することがありませんでした。

　わたし達に心を寄せてくださる、伊達市にお住まいの中泉さんご夫妻が、ご自宅の敷地にある、昔産院として使われていた建物を貸してくださいました。わたし達はみんなで力を合わせて掃除をし、部屋の敷居を取り払い、壁を作り、ペンキを塗り…なにもかも自分達の手で整えました。勿論、子ども達も手伝いました。

　四月一〇日、暖かな日差しがさし込む小さな部屋で入学式が行われ、低学年と高学年二つのクラスがスタートしました。伊達市内は勿論のこと、札幌から特急列車に乗って通ってくる子どももいます。

### シュタイナーいずみの学校・全日制

　一九九九年夏、土曜学校を全日制に発展させることが話し合われました。奥田さんご夫妻は当時五年生だった長男の岳史《たけし》君を、「シュタイナー学校」で学ばせると決めたのです。

　わたしが担任をすることは、ずーっと昔から決まっていることのようでした。わたしに向かって真っ直ぐに注がれる岳史君の眼差しが、わたしにそれを示してくれたのです。

　ナナカマドの赤い実が秋風に激しく揺れる一〇月八日、たった一人の生徒、奥田岳史君のために入学式が行われました。次に

いずみの学校

岳史君の妹の茜《あかね》ちゃんが、そして翌年春には鈴木圭介、浩介兄弟と畑内翔太君が転校してきました。その秋には「自然と芸術と人智学を学ぶプログラム」に参加されたお母さんに連れられて、三人の女の子が転校してきました。そして、今、二〇〇一年九月には一年生から八年生まで、三〇人の子どもが学んでいます。

ほとんどが、日本の各地からシュタイナー教育を受けさせようと決意されたご両親と共に、伊達市に移ってきた子ども達です。

## 自然と芸術と人智学を学ぶプログラム

「ひびきの村」のスタッフ二一人の半数近くが、サクラメントにあるルドルフ・シュタイナー・カレッジで日本人のために特別に設けられた「自然と芸術プログラム」で学んだ卒業生です。当時は彼等は人生に迷い生きる意味を見失い、途方に暮れていました。彼等は自然に触れ、自然から学び、芸術を体験しながら人智学を学ぶうちに、生きる力を取り戻し、生きる目的を見出したのでした。

彼等は、彼等自身の人生を大きく変える力となった「自然と芸術プログラム」で、たくさんの人に学んで欲しい、そして、生きる意味を見出し、希望と志を持って生きていって欲しい、と願っていました。

そして、彼等が暮らすこの「ひびきの村」で、プログラムを始めたいと考えていたのです。

一九九九年九月、彼等の希望が実現し、一〇人の受講者を迎えて開講式が行われ、「自然と芸術と人智学を学ぶプログラム」が始められました。

九月一九日夜八時、「バッハ」のピアノの調べに導かれて。

それまでこの世に存在しなかった新しいものを生み出すためには、たくさんの痛みが伴います。わたし達は痛みと喜びとを受

いずみの学校

講生と共に共有しながら、より力のあるプログラムに育ってゆくよう努力しています。

## 若者のための、自然と芸術と人智学を学ぶプログラム

九年前、ルドルフ・シュタイナー・カレッジで「自然と芸術を学ぶプログラム」を始めようと考えた時、わたしは、生きることに逡巡《しゅんじゅん》している若い人達の姿を思い描いていました。ところが、受講者はむしろ、二〇代後半から三〇代、四〇代、中には五〇代の方もお出でになりました。

多くの疑問を抱え、生きることに確信が持てない人は、老若男女を問わないのだということを知りました。現に、わたしがルドルフ・シュタイナー・カレッジの門を叩《たた》いたのも、四二歳の時でした。勿論、若い人も、そうでない人も、抱えている問や課題の根っこは同じです。けれど、向き合い方や学ぶ方法は、若い人と、人生の経験を積んだ人とでは自ずと違ってきます。

そこで、わたし達は若い人が学ぶための特別なプログラムを設けました。若い人には、もっともっと身体を動かし、心を動かしながら学ぶことが必要だと考えたからなのです。たくさんの実践と、たくさんの芸術活動のクラスがあります。

## シュタイナー学校教員養成プログラム

「シュタイナー学校が欲しい」「シュタイナー学校を始めたい」という切実な声が、日本のあちこちから聞こえてきます。シュタイナー学校を創るために乗り越えなければならない課題はたくさんあります。その中でも、シュタイナー学校の教師になるための訓練を受けた人を教師として迎える、ということは大きな、そして、困難な課題です。

日本にはシュタイナー学校の教員を養成する通年のプログラムがありません。教員

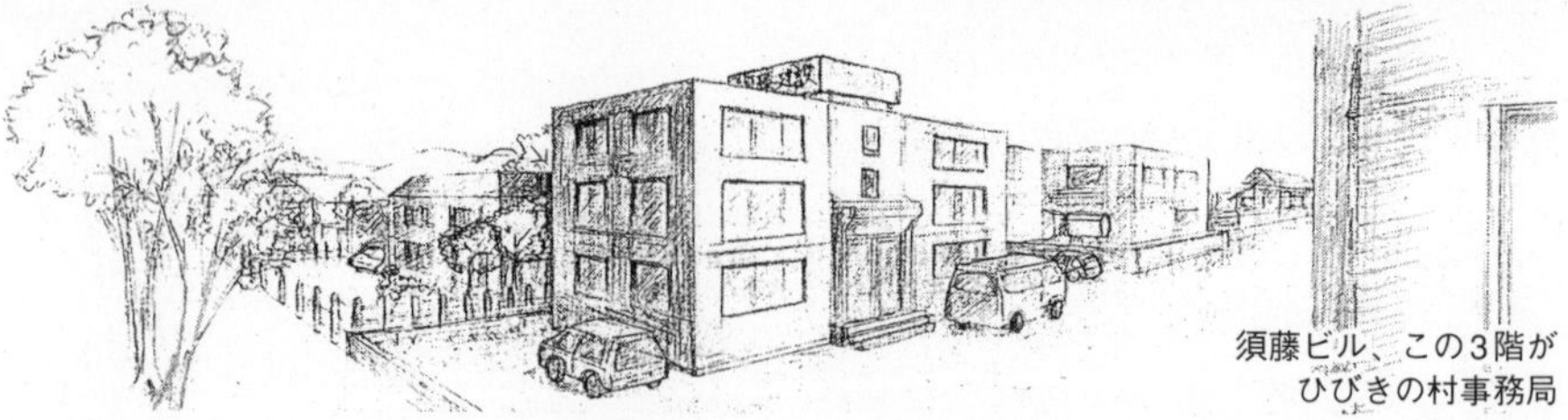

須藤ビル、この3階が
ひびきの村事務局

になることを目指す殆《ほとん》どの人は、外国まで勉強に行かなければなりませんでした。それは、志を持っていたら遂げられるというわけではなく、言語、経済、家族…さまざまな問題を克服することを強いられます。

　日本にシュタイナー教育が根付くために、そして日本にシュタイナー学校を創るためには、もっともっと教師が必要です。シュタイナー学校の教員を養成するプログラムを、日本で始めることは、どうしても必要なことでした。

　わたし達は、スイスのドルナッハにある、人智学協会の本部に問い合わせました。「シュタイナー学校の教員を養成するためのプログラムを始めるには、なにが必要なのでしょう?」と。電子メールで届いた答は簡単でした。「今は、そのための規約はありません。世界の各地で行われているシュタイナー学校の教師を養成するプログラムは、それぞれの人が、それぞれの考えで行っています。日本であなたがたがプログラムを始めることは、素晴らしいことです。わたし達がお手伝いできることがあったら何でもしますから連絡してください」というものでした。

　わたし達はその返答から希望と勇気をいただきました。そして、二〇〇一年四月、一〇人の受講生を迎えてプログラムが始められました。一年目の今年、わたし達が始めたプログラムは、完成されたものからはほど遠いものかもしれません。けれど外国からわたし達を助けに来てくれている講師をはじめ、関わっている人達の熱意と勤勉さ、そして学ぶことに対する真摯《しんし》な態度は、必要とされていることを遂げる大きな力になっていることを、強く確信しています。

**ボランティア**

「ひびきの村」で行われるどの仕事も、すべてがボランティア活動として行われてい

事務局

ます。スタッフはボランティアとして働いています。そのために、スタッフの生活は「ひびきの村」が支えています。（これが「経済の友愛」の考え方なのです。また、号を改めて詳《くわ》しく書きますね）

　スタッフ以外にも、「ひびきの村」でボランティアとして働いてくださる方が大勢います。それぞれの方の必要に応じて、そして、その時々の「ひびきの村」の経済状況に応じて、往復の旅費、生活するために必要な費用が支払われます。勿論、まったく必要ないとおっしゃる方もいます。住居費だけは必要だとおっしゃる方もいます。すべてはそれぞれが、それぞれの状況に応じて、それぞれの考えで決められるのです。

**事務局**

　今、「ひびきの村」の事務局は、伊達市の中心街の3階建てのビルの中にあります。

　このビルの持ち主である須藤俊幸さんが、ある晩、町から遠く、街灯もない暗く寒々しい住居兼事務所に訪ねていらっしゃいました。

　…「ひびきの村」の活動は世の中に必要とされているものである。だから、将来大いに発展しなければならない。それなのに、こんな片田舎で、人もあまり訪ねてこないような場所で仕事をしていては発展しようがない…須藤さんは、そう、考えられました。そして、ご自身が所有しているビルの二部屋を貸してくださいました。（今は三部屋をお借りしています）

　須藤さんが洞察されたように、「ひびきの村」の事務局が須藤ビルに移ってから、わたしたちの活動は飛躍的に活発になり、大きく広がり始めました。三年前、「ひろいなあー」と感じた部屋が手狭になり、先月号で書きましたように、広い場所に移転することも考えなくてはならない状況になっています。（駅前の大きなビルは条件が合わ

リムナタラ農場、まん中の建物の手前が「こどもの園」

ず、お借りしないことになりました。そして、とりあえず須藤ビルのもう一室をお借りすることにしました）

事務局は、「ひびきの村」の要《かなめ》として、大変な仕事を担っています。六人の専任のスタッフが常に忙しく立ち働き、それを手助けする人達、そして訪れる人でいつも賑《にぎ》わっています。

それでも、事務局の雰囲気はとても静かなのですよ。部屋には託児のコーナーがあり、赤ちゃんや幼児がいることも多いので、みんな、静かに、穏やかに、柔らかく、優しく…と心がけているんですね。

### 「ひびきの村」は転機を迎えています

さて、こんなふうにたくさんの方々、強い力と、深い愛と、高い志に支えられて、「ひびきの村」は、二〇〇一年一一月には五歳の誕生日を迎えようとしています。人間にたとえたら、家庭を離れて、はじめて幼稚園という社会に出る歳になったのです。

そんな「ひびきの村」に、近頃こんな声がしきりに聞こえてきます。…もっと伊達の人達と関わる必要があるね…伊達に暮らす人達に分かってもらわなければ…もっと開かれた「ひびきの村」にしなくちゃ…。

できる限り、たくさんの方々の話を伺っています。ご縁をいただいた世界のあらゆる人、日本のさまざまな所で暮らす人、伊達の人、人智学を学ぶ人、実践する人、「こどもの園」や「シュタイナーいずみの学校」に通う子ども達の家族、「ひびきの村」に関わる人、…皆さまが感じていること、考えていることをしっかり心に留めるよう努力しています。

一週間前、…「ひびきの村」をだれにでも開かれた場所にする必要があるよ…と常々言ってくださっていた方の話を伺いました。「『ひびきの村』には、どんな時でも、どんな方でもどうぞ、と迎えているんだけ

「こどもの園」

ど、どんなところが開かれていないのかしら？」と、わたしは訊《たず》ねました。彼はこう答えました。

「たとえばね、『こどもの園』や『シュタイナーいずみの学校』では、保育料や授業料を、『経済の友愛』の考え方で、父母に決めてもらっているでしょう。でもね祐子さん、中には『経済の友愛』の考え方を分からない人もいるんだよ。うん、うん、事あるごとにそれについて祐子さんが話しているのも知っているし、分かってもらおうと、スタッフが努力していることも知っているよ。でもね、難しいじゃない！　そんなに簡単に分からないよ。分からない人は「基準額」を示して欲しい、って言ってるよ。だったら、そうしてあげたらいいんじゃない？

「わたし達は『経済の友愛』の考え方でしています、って押し通すのは、やっぱり開かれていない、って思うんだよ。その考え方を受け入れられない人は、違う所へ行っちゃうかもしれないでしょう。そういう人だって、直ぐには分からないかもしれないけど、もし、ここにいたら、そのうちに分かってくるかも知れないじゃない？　そういう人にもチャンスをあげなくちゃ…。僕はそう思うよ」

「そうかあ、そういうことが開かれているっていることなのね」

「うん、そうだよ。それからね、スタッフは住んでいる所の町会に入っている？」

「入っている人もいるし、入っていない人もいるわ。わたしも以前住んでいた所では入っていたけど、新年会とお祭りとお葬式…それくらいだったかな、集まりは…。それにも忙しくて殆《ほとん》ど参加できなくて…それで、今度引っ越した所では入っていないの」

「そう、それが困るんだよ。いいんだよ、新年会とお祭りとお葬式だけでも…それが人のつき合いじゃない？　日本では、…そういうつき合いをしないと変わった人だと

緑のリムナタラ農場

か、おかしな人だと思われるんだよ」

「そうね、行事って大切ですものね。自分達の行事だけを大切にするのは利己主義ね。お祭りごとを一緒に体験するのは、同じ所に暮らしている人にとっては大切な事なのね。それに加わらない人はおかしい、と思われるのは当然ね」

「そうだよ、スタッフのみんなに町会に入るように言ったほうがいいよ」

「みんなそれぞれ考えを持っているとは思うけど、一度みんなで真剣に話し合ってみるわ」

「そうした方がいいよ。これから『ひびきの村』が大きく成長するためにも、伊達の人達に理解してもらう必要があるからね」

　こんな会話を交わしました。こんなふうに、日頃感じていること、考えていることを話していただくことは大変ありがたいです。

　正直に言うと、考えのまったく違う人と話をすることを、わたしはとても苦痛に感じます。説教をされるといやーな気持になります。女ゆえに差別されることを実に残念に思います。セクシャルハラスメントに近いことを言われると、泣きたくなります。目の前でタバコを喫《す》われたら、アレルギーのわたしは生きた心地がしません。

　実際、「ひびきの村」の外で仕事をする時は、こんなことが多いのです。いえ、ほとんどの場合がそうだと言えるかも知れません。わたしはこんなふうに過ごす時間を、仕事に使いたいのです。勉強をしたいのです。音楽を聴いていたいのです。雲や星や月を見ていたいのです。友人と話をしたいのです。瞑想《めいそう》をしたいのです。もっともっと必要なこと、大切なこと、有益なこと、すべきことがあると思っています。

　けれど、そんなふうに考えていてはいけないのでしょうね。尻込みし、避《さ》けていてはいけないのでしょうね。多くの人に、ことに、同じ町に暮らしている伊達の人達に、

# 「ひびきの村」だより

リムナタラ農場から「こどもの園」を望む

「ひびきの村」のことを話し、わたし達のしていること、考えていること、思っていること、そして、わたし達自身を理解してもらう必要があるのでしょうね。

わたしに躊躇《ちゅうちょ》させる力は、これもそれも、みんなわたしの内にある…表面に現れたことで人を差別する気持、違う考えを持つ人を遠ざけようとする気持、わたしが嫌だと思うことを言う人、する人を蔑（さげす）む気持なのですね。違う生き方をしている人のことばを斥（しりぞ）けよう、拒（こば）もう、うち消そうとするのは、わたしの内の弱さなのです。

一つずつ克服してゆかなければならないと思っています。「ひびきの村」の最年長者のわたしがそれを決めることができない間は、他のスタッフも決められないのですから…。

「ひびきの村」は、生まれてから五年が経ちました。居心地よい温かな家庭から、そして、どんな時でもそばにいて支え、守ってくれていた母親から離れて、子どもが幼稚園に通い始める年齢に達したのです。いわば、子どもが初めて「幼稚園」という家庭以外の「社会」に出てゆく年齢になったのです。勇気をふるって、そのための一歩を踏み出さなければなりません。後込《しりご》みせず、後を振り返らず、前を見て、ずっと先にある光を見つめて、その光を目指して、光に導かれて…。

# 「ひびきの村」からのお知らせ

「ひびきの村」２００１年～２００２年行事予定　冬

## 11月

**オール・ソールズ・デイ（亡くなった方々を想う日）**
11月1日（木）夜7時～8時

音楽を聴いたり、詩を唱えて亡くなった方々を静かに想う日。「ひびきの村」の集会室で会を持ちます。

**シュタイナー学校のメインレッスン**
**デイヴィッド・ブレア**
11月5日（月）～12月21日（金）まで

デイヴィッド・ブレアさんは、ニューヨーク州のグリーンメドウ・シュタイナー学校の教師です。彼がクラス担任として経験されたことは、子どもたちにより良い教育を…と願うわたしたちに多くの示唆を与えてくれることでしょう。

シュタイナー学校の算数、幾何、科学、物理を教えていただきます。そして、彼のもっとも得意とする演劇の指導もしていただきます。スケジュール、参加費など詳細は、事務局へお問い合わせください。

**ウィンター・フェア　11月18日（日）**

11月に入ると、北国に暮らす人々は、長い冬を迎える準備を始めます。大地の恵みを収穫し、調理し、貯蔵し…村中の人が集まって行う作業は、楽しく、嬉しく、心が弾みます。ニワトリも、猫も、犬も、赤ん坊も、子どもも、年寄りも、若い人も、健康な人も、病を持った人も…さあ、みんなで冬支度を始めましょう。

大きな納屋の真ん中に大きな樅の木が立てられ、ストーブには赤々と火が燃えさかり…劇、音楽、クイズ、ゲーム、お茶、コーヒー、軽食を楽しんでいただくコーナーが用意されます。また、「こどもの園」「シュタイナーいずみの学校」のバザーも開かれます。どうぞ、どなたもお出でください。

## 12月

**アドヴェント・ガーデン　12月2日（日）**
**キリストの降誕節の始まりを祝う催しです。**

子どもたちは天使から火のついていないロウソクを渡され、樅の枝でつくられた暗い渦巻きの道を一人で歩いてゆきます。その先には赤々と燃える火があり、手にしたロウソクにその火を移します。そして、後から来る人のために、帰りの道にその火を置きます。

こうして、子どもたちは暗闇の中を一人で歩く「勇気」と、明るい火を人のために差し出す「献身」とを体験して、キリストの降誕を迎える準備をするのです。

**キャロリング　12月24日（月）・25日（火）**

日頃、お世話になっている方々に、感謝の気持ちをこめてクリスマス・ソングのプレゼントをお届けします。

病院、お年よりの家、商店、友人宅を回り、皆さまとご一緒に、キリストの誕生を祝います。それは来るべき年が、わたしたちにより良いものをもたらすことを予感させ、大きな喜びとなるでしょう。

あなたもキャロリングのメンバーに加わりませんか？　歌の練習は11月17日（土）から毎週土曜日、午後5時から6時。12月22日（土）までいたします。どうぞ、どなたでもご参加ください。

**大人のためのクリスマス会　12月25日（火）**

全人類にとって、そして、わたしたち一人ひとりにとって、「キリストの降誕」は何を示し、何を意味するものなのでしょうか？

ロウソクの灯りの中で夕食をいただき、音楽を聴きながら、静かに、キリストの意味を深く考えましょう。そして、「キリストの降誕」がもたらす恵みを感謝しつつ受けましょう。

**聖なる12夜　12月25日（火）～1月5日（土）**

12月25日から1月5日まで、毎夜ルドルフ・シュタイナーが著した「第5福音書」を読みます。

東方に住む三賢人は、誕生したばかりの幼いキリストに会うために、天使と星に導かれてベツレヘムまでの長い旅を続けました。わたしたちも、人類にもたらされたキリストの衝動を想い、その意味を考えながらキリストに出会うための途を辿ります。

## 1月

**市民運動としての社会三層構造**
**ニコノア・パーラス氏ワークショップ**
２００２年１月中旬来日（日程未定）
くわしくはお問い合わせください。

ニコノア・パーラス氏は生まれ故郷であるフィリピンをはじめ、世界中の人々から力のある市民運動家として尊敬されています。彼は…人智学が示す「社会三層構造」を実践することによって、閉塞状態にある現代社会に光と熱を吹き込み、地球上に暮らすすべての人が真の意味でのコスモポリタンとなる…そのことによって地球も人類も救われ、より良い社会を造ることができる…と主張しています。

大村祐子が「世界を照らすアジアの太陽」と呼ぶニコノア・パーラス氏からワークショップを通じ、多くの方々と共に学びたいと考えて企画しました。どうぞ、どなたもご参加ください。

スケジュール、参加費など詳細は、事務局へお問い合わせください。

●日程、内容等は変更されることがあります。詳細は事務局までお問い合わせください。

ひびきの村事務局
〒０５２・００２１　北海道伊達市末永町47
須藤ビル３F
電話＆ファックス　０１４２・２１・２６８４
（月曜～土曜、午前9時～午後6時の間にお願いいたします）

# 心の教室 （第3期）2

［読者のおたより］で構成する、編集部と読者間の交流ページ

**今月の「心の教室」はページが少なくてすみません。ニューヨークでのテロの動向が心配で手が進まず、その上、誌面の関係で、どうしてもスペースがさけませんでした。これにこりずに、アンケートはぜひ！**

第3期「心の教室」は、会員読者の皆様からのお便りと、レポート、アンケート等で構成する、読者の皆様の交流のページです。主に、毎号皆様にお届けする際に同封する、企画会議&アンケートやご意見を中心に、声を取りあげさせていただきます。
☆アンケート＆ご感想はFAX03-3295-1080または、郵送で。
☆〒101-0054 東京都千代田区神田錦町3-21　三錦ビル2F
「ほんの木」までお送り下さい。（担当／柴田敬三まで）

人智学の核心へ

## 大人のための講座 まさに私がもとめていた テーマです。

今まで（1期、2期）は教育中心でそれでも良かったが、3期は「大人のため」ということで、まさに私が求めていたテーマだと思う。個人的に言えば、長女がシュタイナー幼稚園に通っていたので、子どもについては色々学ぶ場があったからです。これまでは忙しくてきちんとできていなかったエクスサイズも、しっかりやってゆきたいと思っています。

今号から、人智学の核心に迫ってゆくという期待が感じられます。シュタイナー教育を学びながら、理想はいつも高いのに、日常生活では自分の行動が子どもの模倣の対象としてふさわしくない、ということがよくあり、「あー、今日もダメだなー」と思うことが多いのです。皆が楽しく健やかに暮らせれば良いのに……。つい怒ってしまったりする自分に反省しています。

（東京都／ラベンダージョーンズ・まり子さん）

――このブックレット（11月1日発行）が皆様のお手元に届くまで、あと約1か月あります。アメリカで起こったテロに対する報復が、人間の愚かな行為が、人類にとって取り返しのつかないことにならぬよう祈りながら、「心の教室」を編集しています。通信講座第3期を「大人のためのシュタイナー教育講座」としてスタートしました。子ども達の未来を、私達大人がビジョンを持って示すこと以外に、この世界を、社会をより良く導く方法はありません。共に祈り、考え、共に行動しましょう。この地球とすべての子ども達の未来のため

に。（柴田）以下お相手は私のコメントです。

### はじめて入会して

## 語るような文章は心にすーっとしみ入り次号も楽しみです。

今回初めて入会したので、1、2期との対比はわかりませんが、シュタイナーの著書はどれも難しく、解説が欲しいなぁ……と思っておりました。語るような文章は心にすーっとしみ入るようです。次号以降も楽しみにしております。

また、本を読むだけでなく、現在同じ世界で生きている人達の考えがわかるような記事は、シュタイナーの著書の勉強とはまた違い、「命」があるように感じます。

（東京都／S・Yさん）

――S・Yさん、「命」があるように感じます、の一文に、とても感激しました。編集者は単純ですから、すっかりのぼせてしまいました。第3期からのご入会ありがとうございます。なお、ご要望のテーマ・ディスカッションや、テレビのことは第2期の「心の教室」で少し触れています。

### 大村さんが身近に

## 孤独や空虚感がいやされます。こわい位に共感が……。

第1期は「子どものこと」、第2期は「私自身のこと」、第3期は「私自身の在り方について」という感じで、より身近な、より興味深い内容になったと思います。もともと子育ての中でシュタイナーを知ったのですが、今となってはシュタイナー思想について深く知りたいというふうになってきたので、私の成長に合わせて、この講座もどんどん成長している様に思えてなりません。こわい位共感できる内容なので、大村さんのことがとても身近に感じられ、うれしくなるばかりです。日々の孤独や空虚感がいやされます。ありがとうございました。

（埼玉県／羽入博美さん）

――アンケートに、びっしりていねいに書いて下さってありがとうございました。とても参考になりました。皆さまのアンケートは、毎号まとめて、コピーをし大村さんに送っています。皆さんの誠実で力強いメッセージが、どれほど励みに、また参考になるか知れません。これからもどしどし思いついた点をお送り下さい。（羽入さん、孤独と空虚はへらしましょう）ちなみに、もう少しで出版にこぎつける「シュタイナーに学ぶ「本のカタログ2002年度版」（仮題）には、羽入さんがお求めの、シュタイナーの思想についての出版物（日本で出ている）がほぼすべて紹介されています。また、それらは「ほんの木」で購入できる予定です。どうぞお楽しみに。

### 大村さん身体を大切に

## ページがふえてうれしい！　これからもやさしく伝えて下さい。

「心の教室」が本誌に統合されたこともあるのでしょうが、最初に手に取った瞬間、「おもたい」と思い、うれしくなりました。Q&Aと「心の教室」のページがふえうれしいです。私は、シュタイナー関係の本は読んだことがないのですが、すごく難解なような気がします。大村さんの本に最初に出会えたから「シュタイナーの教えっていいな」と思えたのです。これからも難しい教えをやさしく、私達に伝えて下さい。

（埼玉県／鹿内双美代さん）

——鹿内さん、今月号は「心の教室」のページが少なくて、だましたみたいですみません。次号にご期待下さい。ブックレットがズシリと重くなったのは、ページがふえたせいです。一方、アンケートで、会員の60％の方が、全てを読み切れない、というご意見もあります。活字とページ数、多すぎますか？ いかがでしょうか。ご意見下さい。（編集部）

**いずみの学校**

## 前号に続いて、「ひびきの村」いずみの学校のカリキュラム。以下をお読みください。

「いずみの学校」の各学年の授業カリキュラムを教えていただけますか？

（山口県／S・Yさん）

——前号（9／1号）94頁の「Q&A」で、大村さんがお約束していた、「年齢にそったカリキュラムについて、11月号でくわしくお知らせします」という件につきまして、今月も同様のお便りをいただきましたので、編集部より回答させていただきます。95頁、「Q&A」でも同様の質問があり、本号96～97頁に、「いずみの学校」の1学期の時間割りを掲載しました。ご参考に。

また、「アメリカ・ヴァルドルフ学校教員のための概要」という全学年別カリキュラム表がありますが、これは著作権の問題（問い合せ中）と一覧表が大変大きいサイズということもあり、誌面で掲載ができません。悪しからずご了承ください。

なお、「ひびきの村」、いずみの学校のカリキュラムに関しては、今年6月発売（ほんの木より）『ひびきの村・シュタイナー学校の模擬授業』の巻末資料にくわしく載っています。2001年度の1学期時間割（1～8年生まで）と、1年間の行事、その他、担任制のこと、メイン・レッスンのこと、教職員会議や運営についてなどが書かれていますので、ぜひお求めください。本の中身は、「こどもの園」と「いずみの学校」の模擬授業を、2000年に会員の皆様と体験したスクーリング・レポートです。ひびきの村スタッフと、大村祐子さんのシュタイナー教育への情熱と具体的な様子が伝わってきます。★本については、TEL 03-3291-3011 FAX 03-3295-1080まで。（ほんの木）

**第1期から読んでます**

## 涙を流しながら読んでます。でも、読み切れなさそう…。私の第3期。

ますます読むページ数も増え、次の号がくるまでに読み切れないことが多くなりそうです。子どものことからシュタイナーの思想に興味を持ちましたが、子どもの親である私、私の両親へと「心」へのおもいが募っていたので、この第3期は、まるで私のためにあるように思われます。

よく、涙を流しながら読んでいるんです。でもその後は、洗われた気分になります。

（奈良県／白井純子さん）

——私も毎号、大村さんの原稿を読んでは、鼻をすすっているんですよ。年がいもなく。でも、本というのは、心の中の共感や感動がなくてはならないもの、と私は思って編集しています。また、さき程の通り、ページが多くなってしまったことについては、約60％の人が、アンケートによると、すべてを読み切れていないとのこと…。私たちも深く悩んでいます。1、2期に比べ、入会数が初めて減少した原因か？　という気がしているのです。もう少し薄くする？　もう少し、ワンテーマを短くする？　文字を大きくする？

皆さん、いかがでしょうか。ご意見をお寄せください。もちろん内容、テーマについても、ぜひ。

## 絵本も待ってます

# 双児の子育てがようやく楽になって。3期1号は2日で読みました。

秋が一気にやってきたと思っていたら、蒸し暑い日も。でも夜から朝にかけての虫の声はとてもいいものです。待っていた第3期、2日間で読みました。子育ての中、一冊を数カ月かけてやっとだった昨年を思うと、すごいことです。来月末で3歳になる双児の子育ては、とても大変でした。今、楽になり親子3人、ほとんど母子家庭のようです。そんな毎日で、支えられた「そうそう、これだ」といった私の本との出会いでした。

シュタイナーの本は一度では理解できず、大村祐子さんの本に会えてとてもうれしく、わかりやすく、でも実際にはエクスサイズも出来ていない状態ですが、私も変わってきたように思えます。親業することが楽しくなってきました。来年4月より、シュタイナー幼稚園「こどものにわ楓」に入園できるようになり、楽しみです。（中略）

表紙の裏の言葉が変わり、いいものですね。毎日読んでいきたいと思います。自分を見出せるように感じます。大村祐子さん、これからも楽しみにしています。絵本も届くのを親子で待っています。シュタイナー総合カタログ本も待っています。

（大分県／麻生美知子さん）

——双児のお子さん、子育て大変でしょうね。でも文章を読んでいるうちに、ようやく余裕ができ、心がはずむような毎日なのかな、と思える感じです。通信講座、絵本のこと、そしてカタログ本（小社刊『シュタイナーを学ぶ本のカタログ2002年版』）について、待っていただいている様子、うれしく伝わってきました。目下、編集進行中です。絵本は10月末〜11月上旬に発売される予定で進めています。お楽しみに。

もう一冊、大村祐子著『新しい人生は7年ごとにやってくる』（仮題）も、11月末発刊にむけスタートしています。こちらは通信講座第2期の「7年周期」を加筆修正して一冊にまとめるものです。人生に悩み、苦しむ人へ、未来をより充実させようと考えている人へ、大きな示唆に富む7年周期論です。大村さんの単行本第2作です。お楽しみにお待ち下さい。

それにしても、3期1号（9／1号）2日間で読んだとはすごいですね。全部読めないという60％の方々のために、ぜひ秘訣を教えてください。またお便り下さいね。（ファックスが横に入っていて、端の方が少し読めませんでした。ごめんなさい、中略してしまって）

素晴しいサマ・プロ

## ひびきの村の誠実な対応、驚きと感動の中であっという間に…。

8月11日〜15日「お父さんとお母さんのための…」サマープログラムに参加しました。オイリュトミーを初めて体験して感動しました。すべてがあっという間に、驚きと感動の中で終ってしまい、もっと長く、もっとしっかり、じっくり学んでみたいという気持ちでいっぱいになりました。ひびきの村の皆さんの誠実な対応にとても感謝しています。幼児クラスも、家に帰ってから、子供も「北海道の幼稚園たのしかった〜」と言ってます。（中略）「わたし自身がより良い存在になる」これが今の私のもっとも大きな課題です。しかし、人智学に出会うことができて、私自身とても幸せです。人智学とはまったく反対の世の中に生きていて、続けるのはとても苦しいのも本当の所です。なかなか身のまわりの人にわかってもらうのは難しく、もどかしいです。（今回初めてアンケート提出しました。いつも書こうと思いながら、日常の育児に疲れて…。今後もがんばります）

（埼玉県／大関麻理子さん）

――大関さん、アンケートありがとうございました。今月号では初めて投稿される方が多くなりました。北海道の夏は素晴しかったようですね。お子さんがそれを心で感じたのですね。さて、会員の皆さま、人智学の実践と、現実の社会、そのギャップについてどうお感じですか？　素晴らしいテーマです。ご意見ご自由に、ファックスやハガキでお寄せください。

2002年に賀正

## アメリカへのテロとその報復…世界が平和であることを祈って編集部から「心の教室」へ。

ここで編集部よりのアナウンスメントです。

①前号「心の教室」132頁で、うしろから12行めの、「持来」は「従来」の誤りでした。高森久美子さん、誤植失礼しました。これにこりずに、またご感想を送ってください。（いやはや、目が疲れてるのかな?）

②皆様に11月号でお約束した「サマープログラム」の感想と「シュタイナー教育の模擬授業」の感想特集は、「心の教室」のページが少なくなった関係で、パスさせていただきました。（Q&Aのページの後ろで、サマー・プログラムの感想がありますので、そちらをお読みください）

★次号はいよいよ、2002年1月1日号。それまで、メリー・クリスマス…にしたいものですね。早ければ年内、場合により年始にお届け（発行）となります。米国へのテロなど社会、政治問題にも目をむけ、「心の教室」に構えず楽にお便りください。〒101-0054　東京都千代田区神田錦町3の21三錦《さんきん》ビル2F　ほんの木「心の教室」　tel03・3291・5121　fax03・3295・1080

## 勉強会レポート　秋田シュタイナー教育を学ぶ会

秋田市発

# 通信講座で呼びかけて、結成!

### 代表・藤村亜紀さんが『子育て本』を出版!

発端は、ほんの木の通信講座に、「この指止まれ!」と、勉強会を呼びかけたのが始まりでした。当初3人でスタート。2000年1月のことです。今は約10名で、月に1回、会費は毎月300円、託児保育の方への謝礼という形です。

会の内容は、①シュタイナー関連の本を一冊皆で読み合わせし、それに30分。②時々のテーマ。例えば、「わらべ歌」についてとか、シュタイナー教育につながるようなことを取りあげ、③子どもの遊びとその素材。④物語とその影響など。全体2時間。⑤オイリュトミーも一度、県内の講師を招いて学び合いをしたとのこと。

何はともあれ楽しいのは、会の終わりのころに、子どもと一緒に、手作りおやつを食べ、おしゃべりに花を咲かせることだそうです。

地域のコミュニティーセンターの部屋を半々にし、親達の場と子ども達の託児スペースを設け、子どもと一緒に参加できる会として続けています。

「今後は、小さな子を持つお母さんが多いので、子ども達を集め、シュタイナー教育の自主保育を秋田市内で始めたいという夢を持っているのです」と代表の若松さんは語ります。(若松さんは藤村さんのこと)

若松さんは元、幼稚園の先生でした。7年間、幼児とすごした貴重な経験を生かしたいとのこと。(藤村さんは旧姓です)

ちなみに男性会員はひとり。新しい参加希望の方は、「ほんの木」にお問合せ下さい。03-3291-5121 (fax) 03-3295-1080 (取次ぎいたします) 柴田まで。

### 「幼児教育本」出版のお知らせ

わかり易くて、読み易くて、テンポ抜群の「シュタイナー幼児教育」実践の本が出ます。(ほんの木から)

左の「秋田シュタイナー教育を学ぶ会」を立ち上げた、藤村亜紀さんが、シュタイナー教育を下敷きに、シュタイナー的用語を使わずに、保育経験7年間の実践をベースにして読み易くて、楽しい子育ての本を出版します。

(仮題)「心で感じる、幸せな子育て」

1)善悪の判断をつけるには
2)子どもにプラスのしつけ方
3)タイプ別の育て方と友だち選び
4)友だちづきあい、あれこれ
5)パパの生活
6)子どもを伸ばす

という内容です。ちょっと従来のシュタイナー関連幼児教育本にないおもしろさです。会の仲間、青木ふく子さんが「ほんの木」に藤村さんの手作り本を持ち込んで実現したもの。(青木さん、ありがとう) 通信教育講座の会員の中から単行本が……、夢のようなうれしい企画です。本は「藤村亜紀」名で出版です。どうぞお申込み下さい。

# 編集者だより

**悲しい事件が発生しました。皆様はどう考え、どうされてますか？私は無力をかみしめています。これ以上の不幸が、世界に降りかからぬよう、強く強く願いながら。**

## ニューヨーク他へのテロ事件と平和を願うひとりとして。

☆この原稿を9月21日に書いています。（ワープロでなく、書くというのが古くさいですね）

9月11日に起こった、ニューヨーク貿易センタービル他へのテロ事件から10日たち、10月中に報復爆撃があると噂されています。私は、12日、早速、会員の皆様あてに、黙祷の呼びかけをメッセージし、お送りしようと考えました。自分たちにできることは何か、と考える時、今はまずこれ以上の惨事に拡大せぬよう、理性を持って平和裏に事件が解決するよう願わずにいられなかったからです。日本の自衛隊も米軍の後方支援に出動するようです。別の見方をすれば、それは参戦です。

私たちは、大村祐子さんと相談し、1期、2期、3期に入会されたすべての会員の皆様にこの9月～10月初旬の状況を見て、シュタイナー関連本のご案内DMの中にメッセージを入れたいと考えました。（実行しました）

共にシュタイナー教育を学び、今また大人のための講座を本という形で皆様に呼びかけ勉強しています。子どもたちのため、教育崩壊への一助として……。しかし、今回のテロ事件は、一瞬にして全く理由なく六千人近い人々が亡くなりました。それが自分だったら、我が子だったらと想像することは、世界の色々な国で人々の共通の気持ちだったであろうと思います。

我が子の未来をより良くすることも、自分探しで、使命を見い出そうとすることも、世界がより平和で、平等で自由が保証されていてこそ実現できることに他なりません。

シュタイナー思想と教育が社会運動として生まれたものならば、私たちはブックレットを発行する者の責任のひとつとして、今回の事件を見つめ、また会員読者の皆様と共に、「こうあってはならない」という最悪の事態を回避するため、祈り、願いたいと思います。

編集者のページのトップから、このような重いメッセージを投げかける失礼をおゆるし下さい。書かずにいられませんでした。（柴田）

## ひびきの村、坂東由美子さんと人間の死について想うこと。

☆今号のブックレットの中で、大村さんは、坂東由美子さんへの追悼の原稿を心からの愛情と悲しみを込めて書いて下さいました。この原稿を書くことがどんなに辛かったでしょうか。坂東さんは、相手の不注意による交通事故でした。まだ小さなふたりのお子さんを残して……。入稿をしながら、私は涙を止めることができませんでした。また、同時に、アメリカのテロに遭い亡くなった大勢の罪のない方々の無念さと、残された家族、関係者の深い悲しみと怒りを思う時、私は目ににじむ涙をやはり止めることができません。さらに、報復により被害を受け、殺されるかもしれない、多くの罪なき人々への同情と、悲しみと怒りへも同じ無念さを抱かずにいられません。それは、なぜこのような情況になってしまったのかという背景を思う時、その原因に対し、私自身が何の具体的な防止の手だてをも持てなかった、ということへの怒りと申しわけなさでもあります。

人間の力はかくも弱いものだと実感します。

今号では、タイトルに悩みました。第3期に於て、当初よりご承知のように、人間の生と死について、テーマに取り上げる予定でいました。が、ひびきの村の教師であり、またお子さんを「こどもの園」にかよわせていたニューヨークからひびきの村に引っ越した坂東さんが、不幸な死を遂げ、直後に、世界を暗たんとさせるテロ事件が発生しました。

人間とは一体何か。生きることと、死ぬこ

との意味について、今号では取り上げることとし、あえて「人として生きること、そして死ぬこと」というショッキングで、意味深いテーマをメインのタイトルにしました。

　シュタイナー教育、思想という観点から、ご一緒に学びたいと思ったからです。

## 「七年周期」の本がスタート 大村さんの力作です。

☆大村さんは今、通信講座のかたわら、「Q&A」の本、そして「ペタゴジカル、ストーリー」の本をまとめています。一日も早く……との思いにかられながら、本当に時間のない中で原稿を進めています。
　一方、「七年周期」の本にも着手されているのです。今日の社会の不安感や、人間の持つ弱さ（私たち自身の）そして、今回のテロ事件のような世界の混乱……。こうした時代背景を、シュタイナーの「七年周期」をもとに、何とか癒したい……との思いで、通信講座の2期の原稿6冊分を総集本にしようとスタートしました。リストラ、失業、暴力や事件、起きて欲しくない事態が次々に発生します。人は人生をやり直せる。七年ごとに新しい人生がやってくる。このメッセージを一冊の本にして、できるだけ早い時期に世に問いたいと、ほんの木では考えています。どうかご期待下さい。（11月末発売を目指しています）

## 続々出ます。やります。シュタイナーの本。その他。

☆ご承知のように、11月初旬に、大村さん作の絵本が2冊、同時に出版されます。ぜひ大勢の皆様に……と念願しています。ご近所の図書館や学校、幼稚園などにぜひお広め下さい。メルヘン&ファンタジーにあふれた、ステキなイラストの絵本です。シュタイナー教育から生まれた絵本は、日本でも、世界でも珍しいと言われています。ぜひご一読下さい。
☆ブックレットの会員だった。秋田市の藤村亜紀さん（本名、若松さん。二児のママ）が、7年間の幼稚園の保母さん体験と、シュタイナー幼児教育の視点から書き下ろした本が、ほんの木より11月末に発売になります。
　わかりやすい、読みやすい、しかも実践的で体験に裏ずけられた単行本です。皆様ご自身の育児、子育て経験同様、何がどう具体的か、ぜひこちらもご一読下さい。（申し込みがスタートしました。発売前までは、10%早割りがあります。くわしくは、ほんの木まで）
☆先号でPRさせていただいた（仮題）「シュタイナーを学ぶ本のカタログ2002年版」が、いよいよラスト・スパート。年内に発行予定で進んでいます。こちらも、発売前にお申し込みの方は、早割り価格で受け付けいたします。ほんの木にお申し込み下さい。
　内容は、約一九〇冊の国内で発売された全シュタイナー本が、一冊一ページの中に要約されています。他に、ホームページのリストや、絶版本、品切れ本のリスト、著者・訳者の簡単なプロフィールなども資料として掲載されています。初心者、入門編からよりくわしいアプローチまで、何がおもしろいか、読みたいかがわかりやすくジャンル別に並べられている一冊です。ほんの木が読者の皆様に贈るクリスマス企画、ともいえます。
★シュタイナーに関心をお持ちの教員、保母さんを中心に、ネットワークを持ちたいと考えています。今日の教育崩壊の現実をみつめ、私たちに何ができるかを、ほんの木としても考えたいと思っているからです。ぜひご参加下さい。（先生でなくても入れます）

**★訂正とおわび**

　前号（9／1号）50頁で、パトリック・ウェークフォード・エヴンス氏について、「ひとりっ子」であるにも関わらず、下段後ろから7行めに「兄と一緒」の表記がありましたが、誤りです。訂正しおわびいたします。

◆

出版物、教師ネットワーク、その他お問合せは、tel 03・3291・5121（ほんの木）
fax 03・3295・1080
〒101-0054 東京都千代田区神田錦町3の21 三錦（サンキン）ビル2F ほんの木

**大村祐子さんのプロフィール**

1945年北京生まれ。東京で育つ。1987年、カリフォルニア州サクラメントのルドルフ・シュタイナー・カレッジ教員養成、ゲーテの科学・芸術コースで学ぶ。'90～'92年までサクラメントのシュタイナー学校で教え、'91年から日本人のための「自然と芸術コース」をカレッジで開始。1996年より教え子らと共に、北海道伊達市でルドルフ・シュタイナーの思想を実践する日本で初めての共同体「ひびきの村」をスタートさせる。1998年帰国。「ひびきの村」代表。著書は、1999年6月スタートのこの通信講座シリーズの他に1999年3月発売「わたしの話を聞いてくれますか」（小社刊）などがある。シュタイナーとの出会いとその実践を綴った感動のエッセイとして版を重ねている。

EYE LOVE EYE

著者のご好意により、「ほんの木」では、視覚障害その他の理由で活字のままでこの本を利用できない方々のために、営利を目的とする場合を除き「録音図書」「点字図書」「拡大写本」等の制作をすることを認めます。その際、著作権者、または出版社までご連絡下さい。

大人のためのシュタイナー教育講座
第3期　NO.2（通巻No.14）
シュタイナーに学ぶ
「人が生きること、そして死ぬこと」
2001年11月1日　第1刷発行

著　者　大村祐子
発行人　柴田敬三
発行所　株式会社ほんの木

〒101-0054東京都千代田区神田錦町2-9-1　斉藤ビル
TEL03-3291-3011
FAX03-3293-4776
郵便振替口座00120-4-251523
印刷所　（株）チューエツ
ISBN4-938568-93-4